Suzanne Pairault

La grande épreuve de Florence

Illustrations de Philippe Daure

Hachette

DU MÊME AUTEUR

dans la Bibliothèque Verte :

Série « Jeunes filles en blanc » :

Catherine infirmière
Cora garde un secret
La fille d'un grand patron
L'inconnu du Caire
Infirmière à bord
Le lit nº 13
Le malade autoritaire
Mission vers l'inconnu
Le poids d'un secret
La revanche de marianne
La salle des urgences
Le secret de l'ambulance
Sylvie et l'homme de l'ombre
L'infirmière mène l'enquête
Intrigues dans la brousse
La promesse de Francine
Le fantôme de Ligeac
Florence fait un diagnostic
Florence et l'étrange épidémie
Florence et l'infirmière sans passé
Florence s'en va et revient
Florence et les frères ennemis
La grande épreuve de Florence

Hachette, 79, boulevard Saint-Germain, Paris VIe

1

« C'est trop fort ! Quelqu'un est en train de fumer dans le service ! On sait pourtant que c'est défendu ! »

Florence, une jeune infirmière aux jolis yeux gris, se leva vivement de sa chaise et se dirigea vers la porte du poste de garde. Une odeur de tabac, en effet, flottait dans le couloir.

« Je parierais que c'est encore Camus. »

Camus était un habitué de l'hôpital de Rouville. Il y venait plusieurs fois par an soigner un ulcère que sa vie de clochard ne tardait pas à faire récidiver. Fumeur impénitent, il arrivait parfois à obtenir une cigarette d'un fournisseur des cuisines ou d'un visiteur ignorant du règlement.

Florence se dirigea vers la chambrette

réservée au bonhomme, au bout du couloir, par souci de tranquillité pour les autres malades. Camus, en effet, était connu pour son franc-parler et son manque de discipline. Le vieil homme avait du mal à se plier au règlement nécessaire à la bonne marche de toute vie communautaire comme celle d'un hôpital, et n'hésitait pas à le faire savoir, au risque de troubler le repos des patients. Mais il avait un cœur d'or et finalement tout le monde trouvait ce personnage pittoresque plutôt sympathique.

Bien décidée à le réprimander, Florence ouvrit la porte de la petite pièce d'un geste vif. A sa grande surprise, elle aperçut Camus allongé sur son lit, les bras écartés, la bouche ouverte, dormant d'un sommeil innocent.

«Je l'ai soupçonné à tort», pensa-t-elle en refermant doucement.

Cependant, l'odeur de tabac persistait : elle semblait venir de l'escalier. Le couloir, à cette heure, était vide. Les malades dormaient ou somnolaient en attendant l'heure des visites. En effet, près de l'escalier l'odeur se faisait plus forte. Florence, bien décidée à éclaircir ce mystère, descendit.

Juste au-dessous, au rez-de-chaussée, se trouvait la «salle des urgences». On y accueillait les arrivants qui demandaient des soins immédiats. Pour l'instant elle était inoccupée. Et c'était bien de là que venait l'odeur du tabac, particulièrement insolite dans un lieu pareil.

«Robert!»

Assis sur l'appui de la fenêtre, les jambes ballantes, le dos appuyé au chambranle, un jeune homme s'amusait à faire des ronds de fumée avec sa cigarette. A côté de lui, un paquet ouvert, et une éprouvette à moitié pleine de cendres et de mégots.

A la vue de la jeune infirmière, il se mit à rire.

«Eh bien, Flo? On dirait que tu me vois pour la première fois. Tu as oublié que je suis l'interne de service?»

Florence se dirigea vers la fenêtre et l'ouvrit toute grande. Puis elle se retourna vers lui, le visage sévère, presque dur.

«Robert! je n'aurais jamais pensé que tu...

— Que je fumais? Tu le sais depuis longtemps, je suppose.

— Tu m'as fort bien comprise! Que tu oses fumer dans le service! Je n'en reviens pas!»

Sans éteindre sa cigarette, il sauta à terre et s'avança vers elle.

«Ne sois pas ridicule, Flo. Je ne fume pas dans les chambres...

— Il ne manquerait plus que ça! Mais, c'est interdit dans tout l'hôpital! Tu n'es pas sans le savoir, tout de même!

— Aux malades, bien sûr!

— Aux malades et au personnel. C'est à nous de donner l'exemple!»

Il ricana. Florence sentait une colère mal contenue monter en elle. La conduite de l'interne, qui la toisait avec un regard ironique, lui paraissait inqualifiable.

« Facile ! Tu ne fumes pas, toi ! Tu ne te rends pas compte que c'est dur de s'en passer toute une journée.

— Tu n'as qu'à aller dans la cour.

— Avec le temps qu'il fait, merci bien ! Tu veux que j'attrape une pneumonie ? A croire que tu meurs d'envie de me soigner !

— Je ne plaisante pas, Robert. La salle des urgences n'est pas un fumoir.

— Tu oublies, Florence, qu'elle est vide.

— Et tu oublies, Robert, qu'elle doit toujours être prête à recevoir un accidenté. D'ailleurs l'odeur envahit tout l'étage... Je te prie d'emporter ton cendrier et de sortir d'ici !

— Depuis quand les infirmières donnent-elles des ordres aux internes ? demanda-t-il irrité.

— Depuis que les internes se comportent comme des enfants mal élevés ! »

Dans le feu de la discussion, ni l'un ni l'autre n'avait entendu des pas approcher de la salle. Tout à coup un groupe parut sur le seuil. Derrière M. Martel, médecin-chef de Rouville, se tenaient trois inconnus, entourés de deux internes, et de Mme Benoît, la surveillante. Sans aucun doute, M. Martel faisait visiter Rouville à des confrères. Il s'avança, les sourcils froncés.

« Eh bien, que se passe-t-il ? Vous n'avez pas l'air d'accord, tous les deux. »

Robert, mal à l'aise, et désireux de sauver la face, s'exclama :

« Florence me faisait une scène parce qu'elle m'a trouvé dans cette salle.

— En train de fumer ! précisa la jeune fille en désignant le cendrier improvisé.

— Ici ! Dans la salle des urgences ! s'exclama Mme Benoît indignée.

— Robert, ce n'est pas la première fois que vous vous conduisez de la sorte, déclara M. Martel d'une voix sévère. Vous avez un peu trop tendance à considérer l'hôpital comme votre appartement personnel. Ici, ni vous ni moi ne sommes chez nous ; nous sommes chez nos malades. Tâchez de ne pas l'oublier ! Et vous savez combien je tiens à ce que chacun respecte le règlement. »

Cette fois, l'interne avait perdu sa belle assurance. Rouge de confusion, il prit son éprouvette-cendrier et traversa la salle sous les regards amusés des deux autres jeunes médecins. M. Martel le suivit des yeux quelques instants, hochant la tête en signe de mécontentement, puis pria ses visiteurs de bien vouloir l'excuser pour ce petit incident. Il se mit ensuite à leur expliquer le fonctionnement du service des urgences. Florence s'approcha de la surveillante.

« Je vous laisse, lui dit-elle à mi-voix. Je vais envoyer Sandra.

— Très bien, mon petit », répondit Mme Benoît sur le même ton.

A sa seule expression, on devinait combien elle aimait et estimait Florence.

Dans l'escalier, la jeune infirmière rejoignit Robert.

« Je suis désolée. Ce n'est pas ma faute si...

— Si je suis flambé aux yeux du patron! Cela ne te dérange pas, bien entendu. Pas ta faute! Quel culot! Toujours à te mêler de ce qui ne te regarde pas! Qu'est-ce que tu venais fabriquer dans la salle des urgences, tu n'avais rien à y faire...

— L'odeur... Elle montait jusqu'au premier. Et puis, M. Martel et les autres t'auraient découvert de toute façon. La visite de la salle des urgences devait être incluse dans leur programme, répliqua Florence avec fermeté.

— Garde tes suppositions pour toi! lança Robert en accélérant le pas. Bien entendu, ce n'est pas l'illustre docteur Gilles Martin si cher à ton cœur et à celui du patron qui aurait fait une chose pareille! Irréprochable, lui! Un médecin hors-du-co-mmun!

— Qu'est-ce que tu vas chercher? Gilles se trouve aux Etats-Unis, et je reconnais volontiers qu'il n'aurait pas hésité à te rappeler à l'ordre comme moi. D'ailleurs, à son retour, nous bénéficierons tous de l'expérience qu'il aura vécue en travaillant avec un grand ponte de la médecine.

— En attendant, fiche-moi la paix. »

Arrivé sur le palier, l'interne tourna les talons et se dirigea vers le corps du bâtiment réservé aux chambres des stagiaires. Son pas vif claqua sur le carrelage; il était hors de lui.

Florence regagna son service et donna ses instructions à Sandra, une jeune Noire sympathique dont elle appréciait la compétence et la gentillesse. L'aide-soignante descendit aussitôt dans la salle des urgences. Les premiers visiteurs commençaient à arriver : des portes s'ouvraient, des pas glissaient dans le couloir. C'était le moment tant attendu des malades.

Une ombre s'approcha du poste de garde. Un homme d'une soixantaine d'années, grand et maigre, le visage anxieux, se tenait devant la porte grande ouverte.

« Excusez-moi, mademoiselle. Vous êtes, je pense, l'infirmière de service ?

— En effet, monsieur.

— Alors je voudrais... je voudrais vous demander. »

Sa voix s'étranglait dans sa gorge. Il reprit son souffle puis annonça, sur un ton qui laissait deviner une immense détresse.

« Je m'appelle M. Dumas. Ma femme a été opérée hier de... de... »

Florence sourit.

« Je sais : un polype abdominal. Vous venez de la voir, je suppose ?

— Oui, justement. Et je ne la trouve pas bien, elle a de la fièvre...

— Ce n'est pas inquiétant. Il s'agissait d'une intervention importante. Tout s'est bien passé, rassurez-vous.

— Mademoiselle ! »

Les mains du pauvre homme tremblaient.

« Mademoiselle, si on avait trouvé... quelque chose de sérieux, est-ce que vous me le diriez ?

— Sans aucun doute, répondit Florence d'une voix grave. Vous pensez évidemment à la possibilité d'un cancer. On ne le dit pas toujours au malade lui-même, mais on en informe la personne la plus proche. Vous pouvez être tranquille. On n'a rien découvert d'alarmant.

— C'est vrai ? bien vrai ?

— Absolument. D'ailleurs, si c'était le cas, on aurait aussitôt transféré Mme Dumas dans un service spécialisé pour la soigner. Je vous le répète, il

s'agissait d'un polype sans gravité : tout va bien. »

Le visage de l'homme changea d'expression : il sourit tandis que de grosses larmes roulaient sur ses joues.

« Allez vite la retrouver, lui dit gentiment Florence. Mais ne la fatiguez pas : elle a besoin de plusieurs jours de repos ! »

Comme il s'éloignait, Sandra entra au poste de garde.

« Tu as réussi à chasser cette odeur de tabac ! lui demanda Florence.

— Oui, j'ai ouvert la fenêtre et brûlé du désinfectant. J'ai donné un coup de chiffon sur le rebord : pas fichu de fumer sans mettre des cendres partout, ce Robert ! A propos, en remontant, je l'ai rencontré. Il te demande en salle des pansements. Il avait l'air pressé, même.

— C'est pour le 12 ? Je croyais qu'il ne devait le prendre qu'à cinq heures, s'étonna l'infirmière en consultant sa montre.

— Je ne sais pas : il m'a seulement dit de t'appeler. De toute urgence. »

C'était bizarre. D'habitude, en pareil cas, l'interne s'assurait que Florence pouvait l'aider, puis il faisait venir le malade.

Le 12 était une jeune femme brûlée assez profondément au bras. La période critique passée, la plaie exigeait encore des pansements.

Quand Florence entra dans la salle, la patiente était assise ; son bras bandé reposait sur la table. Robert se tenait immobile à côté d'elle. Silencieux, chose exceptionnelle. En général il parlait avec ses malades, cherchant à les distraire avec ses plaisanteries. Jovial et bon vivant, il avait toujours une histoire à raconter. La jeune femme, elle aussi, semblait étonnée de son silence mais n'osait pas poser de questions.

« Je défais le pansement ?

— Bien entendu ! répondit l'interne d'un ton rogue. En voilà une question ! »

Florence leva les yeux vers lui, mais il affecta de ne pas la voir, fixant le bras sans sourciller.

Elle déroula le bandage, ôta délicatement les compresses. L'aspect de la plaie était satisfaisant.

« Eh bien, cela va mieux ! dit-elle d'une voix enjouée. N'est-ce pas, docteur ? »

Pas de réponse.

« La cicatrice ne sera pas vilaine, continua Florence. Si elle vous gêne, on pourra d'ailleurs la retoucher», déclara-t-elle à l'intention de la malade.

Celle-ci se contenta de sourire. Robert examina la plaie, la nettoya, y appliqua l'onguent, la recouvrit d'une compresse, puis sortit sans dire un mot.

«Qu'est-ce qu'il a, le docteur, aujourd'hui, mademoiselle? demanda enfin la jeune femme. D'ordinaire il est si gai, si drôle... Est-ce qu'il a des ennuis?

— Je n'en sais rien», mentit Florence.

Elle savait fort bien qu'il lui en voulait d'avoir été la cause de son humiliation. Cause bien involontaire, d'ailleurs. Comment aurait-elle pu prévoir la visite de M. Martel au service des urgences à cette heure insolite? Peut-être lui en voulait-il aussi pour une autre raison : il avait été humilié devant elle, une simple infirmière, une subalterne, en quelque sorte. Quant à ses réflexions au sujet de Gilles Martin, autrefois interne à Rouville, elle les mettait sur le compte d'une certaine jalousie qui avait tout de suite opposé Robert au jeune homme, dès son arrivée. M. Martel témoignait à ce dernier tant d'estime et d'amitié que l'autre en avait pris ombrage. Mais s'il se montrait parfois acerbe à son égard, jamais Robert n'avait laissé deviner autant de ressentiment que ce jour-là. Il se bornait à quelques plaisanteries ou à des remarques ironiques sur l'avenir promis à ce brillant médecin.

Il faut dire que Robert était aussi impulsif et orgueilleux que léger et insouciant. Un drôle de garçon, finalement!

Pourtant, malgré son indulgence et sa bonne volonté, Florence ne lui pardonnait pas sa conduite.

Robert était susceptible : l'incident l'avait blessé, certes, mais son ressentiment s'effacerait vite.

Tandis qu'elle raccompagnait la malade dans sa chambre, la jeune infirmière remuait toutes ces pensées dans son esprit. D'ordinaire, elle aussi se montrait plus bavarde avec les patients : quelques mots bienveillants ont tellement d'importance pour eux! Et il y a fort à parier que la « brûlure » du 12 trouvait le personnel de Rouville un peu curieux, ce jour-là...

Quelques instants plus tard, Florence retourna au poste de garde et commença à préparer les médicaments de la nuit.

2

« L'avez l'air bien gaie, ce matin, m'selle Flo ! »

C'était Camus, le clochard, qui venait d'apparaître au coin du couloir. Du pyjama rayé de l'hôpital émergeait une tête ébouriffée aux joues couvertes d'un poil grisonnant. Quand Camus séjournait à l'hôpital, on arrivait à le tenir propre, mais l'infirmier n'allait tout de même pas le peigner et le raser tous les jours !

Camus n'aurait pas dû quitter sa chambre avant l'heure de la visite. Mais ce matin-là, Florence se sentait indulgente.

« Vous êtes gaie ! répéta le clochard. Et moi je sais pourquoi. C'est pas aujourd'hui qu'il revient d'Amérique, le docteur Martin ? »

Florence rougit. Elle s'était fiancée avec le Docteur Gilles Martin peu de temps avant qu'il ne parte pour un stage de six mois aux Etats-Unis. Tout le monde à Rouville s'en doutait, mais elle n'avait confié ce secret qu'à sa meilleure camarade, Clotilde.

« Comment le savez-vous, Camus ? demanda-t-elle surprise.

— Camus, il sait tout, fit-il d'un air malin. Il traîne souvent dans les couloirs, n'est-ce pas ? Des fois qu'il rencontrerait quelqu'un de gentil...

— Qui vous donnerait une cigarette, c'est ce que vous voulez dire ? remarqua l'infirmière en riant.

— Pan dans le mille ! Ce que vous êtes astucieuse, m'selle Flo ! Bon, eh bien, dans les couloirs, on découvre plein de choses.

— Ah ? Lesquelles ?

— Par exemple que le docteur n'écrivait plus, depuis un bout de temps. Oh ! C'est pas que je sois indiscret, mais j'ai remarqué, par la vitre du poste de garde, qu'il n'y avait plus d'enveloppe "par avion" dans votre casier. C'est pas vrai ?

— Tout à fait exact, mon brave Camus, lança Florence, de plus en plus amusée.

— Je me disais : peut-être y s'entendent plus, ces deux-là. Et je pensais que ça serait dommage, des chics types comme vous deux... »

Là, Florence éclata d'un rire sonore.

« Je ne me doutais pas que vous vous intéressiez autant à nous ! Mais vous pouvez vous tranquilliser : notre correspondance s'est interrompue pendant un mois, pour la simple raison que le Docteur Martin a participé à une expédition polaire dans le Grand Nord. Et dans ce cas, le courrier...

— Ça, je pouvais pas m'en douter ! Mais je me rappelais que Martin devait rentrer vers le 15. Il me l'avait dit, avant de partir. Même qu'il était venu dans ma chambre pour me souhaiter une meilleure santé. Et le 15, c'est aujourd'hui, pas vrai ? Alors je me suis dit : Camus, mon ami, t'as qu'à attendre... A votre figure, j'ai compris... ! Tout va pour le mieux. »

A ce moment, un pas s'approcha : Robert passa devant eux sans dire un mot. A peine avait-il le dos tourné que le clochard lui tirait la langue.

« Camus ! reprocha Florence.

— Qu'est-ce que vous voulez ? Je l'aime pas, moi, celui-là. D'abord y me fait toujours des farces. Des méchantes même. Y me dit : "Viens, je vais te donner une cigarette." Moi je viens... des fois que ça serait vrai, on ne sait jamais. Et puis y me donne un paquet vide, ou n'importe quoi. C'est gentil, ça, m'selle Flo ?

— Non, ce n'est pas gentil », reconnut Florence avec un sourire en prenant congé du clochard. Elle eut une pensée amusée pour les plaisanteries auxquelles il avait fait allusion. Elles expliquaient tout simplement son ressentiment à l'égard de Robert. Les cigarettes, pour le vieil homme, c'était une affaire sérieuse ! Quant à ce fumeur impénitent de Robert, il savait de quoi il parlait !

Pour sa part, Flo trouvait l'interne moins chaleureux qu'autrefois, mais il ne lui manifestait plus la franche hostilité des premiers jours qui avaient suivi le fâcheux incident avec le docteur Martel.

Elle fit le tour de son service. L'infirmière de nuit n'avait aucun cas grave à lui signaler. L'opérée du polype avait bien dormi; l'appendicite de l'avant-veille demandait à se lever; le fracturé du talon se plaignait de son plâtre : il faudrait le signaler au patron à la visite. De la chambre 9, occupée par deux hépatites, provenaient des bruits de voix et de rires.

Oui, tout allait bien. En regagnant le poste de garde, Florence jeta un coup d'œil à la pendule. Cette journée finirait-elle jamais? L'aiguille avançait avec une telle lenteur...

L'avion de Gilles devait atterrir à Roissy à neuf heures trente du soir. Mais il fallait compter le trajet de Rouville à Paris, en autobus, puis jusqu'à l'aéroport, et avec les embouteillages, en fin de journée, cela demanderait du temps. Pour être sûre de ne pas manquer l'arrivée de l'avion, Florence avait décidé de quitter le service à six heures : Clotilde, son amie et confidente, la remplacerait jusqu'à ce que la garde de nuit prenne son service. Florence se voyait déjà dans la foule, à la barrière, guettant la haute silhouette mince, aux cheveux noirs...

Vers cinq heures, l'interne passa pour

la contre-visite. Il s'agissait du docteur Crépin, un médecin un peu plus âgé, que Florence aimait beaucoup.

« Vous avez l'air bien joyeuse, ce soir, Florence ! » remarqua-t-il à son tour.

La jeune infirmière ne répondit pas, mais ses yeux brillants parlèrent pour elle.

Le docteur Crépin venait de s'éloigner, quand la sonnerie de l'interphone retentit. C'était Mme Benoît.

« Florence, mon petit... Tout est prêt aux urgences ? »

Aux urgences ? Florence sentit son cœur se serrer brusquement, Les urgences, cela la concernait. N'était-ce pas grâce à elle, que cette salle existait encore[1]. Et même si ce service ne fonctionnait que rarement ici, elle en avait la responsabilité.

« Oui, madame, répondit-elle dans un souffle.

— Alors, descendez. Je préviens le docteur Crépin. Il est de service ce soir. Je crois que c'est sérieux.

— Encore un accident de la route ?

— Non, un couvreur, tombé d'un toit.

---

1. Voir *La Salle des Urgences,* même collection.

Ses camarades ont alerté la gendarmerie, faites vite. »

Quand Florence raccrocha, ses mains tremblaient. Instinctivement, elle regarda l'heure : six heures moins vingt... S'il s'agissait seulement d'installer l'accidenté, et de l'envoyer à la radio, elle pourrait le laisser sous la surveillance de Clotilde. En allant vite, très vite, en prenant un taxi jusqu'à l'aéroport, elle pourrait encore être à Roissy en temps voulu.

Elle venait d'arriver dans la salle des urgences quand elle entendit l'ambulance s'arrêter devant l'hôpital. Quelques instants plus tard, deux gendarmes

entraient, portant une civière. Le docteur Crépin, alerté par Mme Benoît, les suivait.

L'homme était sans connaissance, immobile, le visage d'une pâleur de cire. Par instants, un grand frisson le secouait de la tête aux pieds. Tandis que Florence coupait vite ses vêtements, le médecin prit le pouls du blessé et hocha la tête.

« Faible, murmura-t-il... Très rapide... Respiration superficielle... Voyons la tension... Elle s'effondre. Pas de trace de plaie...

— Hémorragie interne ? » demanda Florence.

Il approuva d'un signe de tête.

« Abdominale, évidemment, lança-t-il au bout de quelques instants. Peut-être la rate. Il faut opérer d'urgence ; je préfère appeler le patron. De votre côté, demandez Richard. »

Richard était l'anesthésiste de Rouville. Florence courut au téléphone et composa le numéro. Une voix de femme répondit.

« Le docteur Richard ? Ah, il est absent, ce soir, mademoiselle. C'est urgent ?

— Très urgent. Peut-on le joindre immédiatement ?

— Je ne crois pas, il se trouve chez sa mère, à Paris. Et elle n'a pas le téléphone. Si c'est pressé, vous pourriez appeler le docteur Vernet... Attendez, je vais chercher son numéro... »

Que les secondes peuvent paraître longues, dans certains cas. Et cet homme, dont la vie ne tenait peut-être qu'à un fil... Enfin la voix se fit de nouveau entendre.

« Je ne retrouve pas... je ne sais pas... C'est si rare, que l'on opère d'urgence, à Rouville... »

Florence raccrocha. Elle se précipita sur l'annuaire des Yvelines et chercha fébrilement le numéro du docteur Vernet.

Hélas, lorsqu'elle le composa, la sonnerie retentit dans une maison vide, selon toute vraisemblance. Personne ne répondit. C'était si rare, une intervention chirurgicale d'urgence, à Rouville, comme l'avait dit l'épouse de Richard... Hélas, cela arrivait tout de même,

Lorsque Florence revint dans la salle, le docteur Crépin annonça.

« C'est bien ce que je pensais... J'appelle le labo pour la numération globulaire. Il faudra sûrement une transfusion. Le patron va arriver d'une minute à l'autre. Vous avez eu Richard?

— Ni lui ni son remplaçant. Personne.

— Il faut pourtant intervenir le plus tôt possible!»

A ce moment-là, M. Martel fit son entrée. Il portait un smoking, ce qui laissait supposer qu'il avait interrompu quelque réception officielle pour répondre à l'appel de l'interne. Il se pencha sur le blessé, prit à son tour la tension artérielle : elle était encore tombée de quelques degrés.

«Plus de temps à perdre, déclara-t-il. Montons-le tout de suite au bloc opératoire.»

Le veilleur de nuit et Crépin firent glisser le patient sur le brancard.

«Richard? interrogea le patron.

— Il n'est pas là. On n'a pu joindre personne, dit Florence.

— Le temps presse. On se contentera d'un masque. Vous en avez déjà fait, n'est-ce pas, Crépin?»

Le jeune homme inclina la tête.

«Eh bien, allons-y! Ma petite Flo, puisque Crépin s'occupe de l'anesthésie, j'ai besoin de vous pour l'intervention.

En pareil cas, c'est souvent une question de minutes. »

Florence ne répondit pas. Il lui semblait que son cœur allait éclater, tant il battait vite. Une sorte de brouillard envahissait la pièce, et la jeune infirmière se demandait si elle n'allait pas défaillir : jusqu'à quand ce vertige insupportable durerait-il ? Gilles... L'aéroport... Tout cela lui paraissait irréel.

Lorsqu'elle posa son regard sur l'homme, inerte sur la civière, elle se ressaisit. Rien au monde ne comptait davantage qu'une vie humaine. Elle était infirmière, la vie du blessé avant tout. Elle s'en voulut même, un instant, d'avoir été si faible. Martel, lui, n'avait pas hésité à se déranger : il avait quitté une réunion importante pour lui, peut-être.

Florence monta à la salle d'opérations, très vite, pour y arriver avant le brancard. Tout était prêt. L'ancien appareil qu'on n'utilisait plus depuis longtemps — l'anesthésie avait fait tant de progrès — se trouvait toujours à sa place, le patron ayant tenu à le conserver.

Le brancard arrivait. Florence aida à allonger le blessé, puis elle disposa les champs opératoires. Elle tendit sa blouse au docteur Martel, son tablier et son masque. Enfin, elle lui donna ses gants, tandis que Crépin préparait son appareil.

« Ça va, Flo ? On est d'attaque ? »

Elle fit signe que oui et revêtit elle-même des vêtements stériles. En temps ordinaire, elle eût été fière d'assister le patron à la place d'un des internes. Aujourd'hui...

« Bistouri », demanda M. Martel.

Elle obéit aussitôt. L'abdomen était rempli de sang.

« Epongez ! Vous voyez, Crépin, ce qui arriverait si nous n'ôtions pas cette rate immédiatement. Une pince... Flo, une autre... oui. Bon, épongez toujours... »

Dans ce combat contre la mort, elle se sentait très proche des deux médecins. Ils faisaient équipe et rien ne pourrait les distraire de la lutte acharnée qu'ils menaient. Gilles, lorsqu'elle lui raconterait les péripéties de cette fin de journée, ne manquerait pas de comprendre. Il lui pardonnerait volontiers de n'être pas allée à Roissy et, qui sait ? il serait même très fier de sa petite infirmière ?

Quelle heure peut-il être ? se demanda

soudain Florence. Peu importait. De toute façon, il était trop tard.

Attentive aux ordres du chirurgien, elle regardait les doigts agiles saisir, couper, recoudre les chairs. Par instants la pensée de Gilles l'effleurait : alors, elle avait l'impression de ne pas être réellement là, comme si elle agissait d'instinct.

« Tout va bien, dit enfin M. Martel. Nous aurons bientôt terminé. Il aura peut-être un peu mal au cœur, au réveil, après cette anesthésie... d'un autre temps... Mais nous n'avions pas le choix. »

La suture... le pansement. Le patron enleva enfin ses gants et son masque. Il sourit, heureux et détendu, puis regarda sa montre.

« Neuf heures trente ! » déclara-t-il gaiement.

Neuf heures trente... L'avion en provenance de New York atterrissait à Roissy...

3

L'opéré fut installé dans son lit, puis le docteur Martel vint le voir avant de partir.

« Il n'a pas besoin de surveillance spéciale, dit-il à Florence. Prévenez seulement la garde de nuit d'avoir l'œil sur lui.

— Très bien, monsieur », répondit-elle simplement.

Mais elle était bien décidée à rester au chevet du malade, au moins jusqu'au moment pénible du réveil. Elle n'aurait pas pu dormir, de toute façon. Au lieu de monter dans sa chambre à se désoler, ne valait-il pas mieux se rendre utile ?

Elle se passa un peu d'eau fraîche sur le visage et sentit la grande lassitude qui l'habitait s'estomper un peu. Ses pensées retournèrent à Gilles Martin. Que faisait-il, en ce moment? Que pensait-il? Comme il devait être anxieux et déçu! Mais elle n'eut pas le loisir de laisser son esprit vagabonder davantage. La porte de la chambre s'ouvrit à nouveau.

« Vous restez? demanda Crépin surpris.

— Oui, je préfère.

— Mais Martel a dit qu'il ne risquait rien.

— N'importe. Je veille un moment.

— Comme vous voudrez. En tout cas, je suis de garde cette nuit : appelez-moi si vous avez besoin de moi. »

Florence s'assit au chevet du blessé. Un homme jeune, au visage hâlé barré d'une petite moustache blonde comme ses cheveux. Son corps était robuste, ses mains vigoureuses. Il ne portait pas d'alliance, mais peut-être y avait-il tout de même, à Rouville ou dans les environs, une jeune fille qui pensait à lui.

Elle regarda sa montre : neuf heures trois quarts! A cette minute même, Gilles devait avoir franchi la barrière de l'arrivée. Il devait chercher des yeux, dans la foule, une tête bouclée qu'il n'apercevrait pas. Il s'inquiétait, sans doute. Pourquoi n'était-elle pas venue ? Ils se promettaient tant de joie, tous les deux, de ce premier coup d'œil après leur longue séparation. Gilles se demandait avec angoisse si elle était souffrante. Il se rassurait sans doute en pensant qu'elle avait simplement du retard. Les embouteillages... Il attendait, espérait encore, ne voyait rien venir...

Téléphonerait-il, ce soir ? Oserait-il le faire, à une heure aussi tardive ? Gilles, qui avait travaillé à Rouville, connaissait parfaitement le fonctionnement du service de nuit. Il savait qu'après le départ de la standardiste, il ne restait qu'une ligne, branchée sur le poste de garde, Prendrait-il l'initiative de déranger le médecin de garde cette nuit-là ? S'il avait su qu'il s'agissait de Crépin, qu'il connaissait bien, il n'aurait sans doute pas hésité. Mais appellerait-il un inconnu peut-être pour lui demander une communication personnelle avec une infirmière ? Florence savait combien le jeune homme était discret : elle avait la quasi-certitude qu'il attendrait le lendemain matin pour se manifester. Le lendemain... Comme cela lui semblait loin !

Au bout d'un moment, le blessé remua un peu : Florence se pencha vers lui.

« Où... où suis-je ? balbutia-t-il.

— Vous êtes à l'hôpital, vous avez eu un accident. Il a fallu vous opérer. Mais ne vous inquiétez pas, maintenant tout va bien.

— Est-ce que je... »

Il fut interrompu par une nausée. Avec cette anesthésie de fortune, on devait s'attendre à un réveil pénible. Le chirurgien lui-même en avait averti Florence et elle savait ce qu'il convenait de faire en pareil cas. Un mauvais moment à passer, somme toute.

Florence soutint la nuque du patient, lui lava le visage à l'eau fraîche avec un gant de toilette puis posa un glaçon sur ses lèvres desséchées.

« Un peu de patience... Ce n'est pas grave. La suite de l'anesthésie. Restez tranquille, fermez les yeux... »

La main du malade se crispait sur la sienne. Elle la caressa doucement, pour le calmer. Il y eut un long silence. Alors l'image de Gilles reparut, lancinante. En cet instant, sans doute quittait-il l'aérogare, déçu, désespéré, peut-être. Il se dirigeait vers la station de taxis, prenait place dans la longue file d'attente tout en jetant des regards inquiets vers le hall d'entrée, espérant encore apercevoir une frêle silhouette.

Il se décidait enfin à monter dans une voiture, son tour étant arrivé. Où allait-il ? Gilles avait perdu ses parents, voici quelques années. C'est d'ailleurs pour cela qu'il avait commencé sa médecine plus tard que d'ordinaire, ayant dû accepter un travail de bureau pour permettre à ses deux cadets de faire leurs études. Ensuite, il s'était mis à travailler avec acharnement, et ses efforts avaient été récompensés. Le docteur Gilles Martin était aussi doué que compétent.

Là, Florence regretta de ne pas lui avoir demandé l'adresse de ses frères. Gilles était si discret... Quant à chercher des Martin dans les annuaires de la région parisienne, autant ne pas y penser !

Le blessé, peu à peu, reprenait conscience. Il passa sa main sur son front.

« Je ne me rappelle rien, dit-il. J'étais au chantier avec les copains... Et puis...

— Normal, après un choc. Vous êtes monté sur le toit, vous avez glissé... »

Il regarda le pansement de son abdomen.

« Je me suis cassé quelque chose ? Blessé au foie ? A l'estomac ? Au poumon ? Dites-moi la vérité, mademoiselle, je vous en prie.

— C'est votre rate qui a été touchée. Mais on a pu l'ôter tout de suite, et maintenant vous ne risquez plus rien. »

L'homme ouvrit de grands yeux.

« La rate ? On m'a ôté la rate ? Mais je ne pourrai pas vivre sans elle !

— Vous vivrez parfaitement, ne vous tourmentez pas.

— Je pourrai aller et venir ? Remonter sur les toits ? Je suis couvreur, vous savez.

— Rien ne sera changé, je vous le promets. »

Il poussa un soupir de soulagement.

« Puisque vous le dites... Mais ma pauvre mère doit mourir d'inquiétude. Je pense que les copains l'ont prévenue ?

— Bien sûr. D'ailleurs, les gendarmes qui vous ont amené l'ont fait aussi. Vous habitez avec vos parents ? »

Il inclina la tête et referma les yeux.

Florence le laissa se reposer quelques instants. Tout se passait pour le mieux. Il avait bien supporté l'intervention.

« Vos parents viendront sûrement vous rendre visite demain, lui dit-elle lorsqu'il leva à nouveau son regard vers elle.

— J'ai une sœur, aussi. Elle doit avoir votre âge.

— Pour le moment, il faut dormir, déclara Florence d'une voix douce. Vous avez besoin de repos. »

Elle remonta les draps sur les épaules du patient. Un instant après, il s'assoupissait.

Le silence. La pâle lumière de la veilleuse. Tout était calme. Un homme venait de gagner le combat contre la mort. Les efforts conjugués d'une équipe l'avaient ramené à la vie. Florence y songea un moment, puis elle se retrouva seule avec ses pensées. Gilles avait-il retrouvé les membres de sa famille résidant dans la région parisienne ? Etait-il allé passer la nuit dans un hôtel ? Elle l'imaginait triste et seul, dans ce cas, examinant toutes les raisons qui pourraient expliquer son absence.

Sans cette malheureuse urgence, à l'heure présente, ils seraient ensemble, assis l'un près de l'autre, peut-être dans ce même café où ils avaient pris un verre, pour se donner du courage, lorsqu'elle l'avait accompagné à l'aéroport... Combien de temps écoulé depuis ce soir-là ? Des mois ? Non, des siècles...

Le blessé dormait d'un sommeil agité. La nuit s'étirait indéfiniment. De temps en temps, Florence recouvrait le patient, rangeait son oreiller. Attentive au moindre signe anormal, elle ne le quittait pas des yeux. Jusque-là, tout se passait pour le mieux, elle le savait, pour avoir veillé sur tant d'opérés, depuis qu'elle était infirmière. Rien d'anormal, en somme. N'était-ce l'angoisse qui l'étreignait chaque fois que ses pensées allaient vers Gilles, elle aurait été heureuse de passer une nuit, tout entière s'il le fallait, sur la chaise inconfortable qui meublait la petite chambre.

Un pas, dans le couloir. Le docteur Crépin venait aux nouvelles.

« Il s'est éveillé ?

— Oui, il y a déjà longtemps, tout allait bien.

— Je vous assure, Flo, qu'il n'a plus besoin de vous. La garde de nuit le surveillera. Vous serez à bout de forces demain matin.

— C'est mon jour de congé.

— A plus forte raison !

— Merci, docteur. Je vais me reposer. »

Demain... En effet, elle ne pouvait se permettre d'avoir mauvaise mine! L'horloge du couloir marquait minuit, quand elle sortit de la chambre. Elle savait bien qu'elle ne parviendrait pas à trouver le sommeil, mais du moins pourrait-elle s'allonger sur son lit et se détendre un peu. Tandis qu'elle regagnait l'aile du bâtiment réservée au personnel de l'hôpital, Florence se sentit découragée. Elle s'était fait une telle joie de cette soirée! Soudain, sa solitude lui parut encore plus cruelle que lorsqu'elle luttait pour sauver le malade. A ce moment-là, elle n'était pas vraiment seule. Tandis que maintenant...

Sa petite chambre confortable et décorée avec goût lui redonna un peu de courage. Là, elle avait l'impression d'être protégée par les babioles, les objets familiers disposés sur les meubles, témoins de moments heureux, anniversaires, succès à l'Ecole d'Infirmières ou voyages.

Elle se déshabilla, se força à faire sa toilette avec soin. Ces simples gestes l'aidaient à garder son calme. Encore quelques heures...

Gilles ne l'appellerait pas avant huit heures! Le quartier des infirmières n'avait qu'un interphone, sans communication avec l'extérieur. Il attendrait le moment du petit déjeuner. Et elle partirait aussitôt pour le retrouver. Avant de se coucher, elle prépara les vêtements qu'elle porterait. Un ensemble en lin bleu, un chemisier en soie blanche et des escarpins de cuir gris pâle.

Combien de temps resta-t-elle à repasser inlassablement les événements de la soirée, à réexaminer toutes les suppositions qu'avait dû faire Gilles, consterné de ne pas la voir comme prévu? Elle ne sut le dire. Pas plus qu'elle ne put dire si elle avait réellement dormi, durant cette longue nuit. Quand le jour pointa à travers les rideaux qu'elle n'avait pas pris la peine de fermer, elle se sentit très lasse. D'abord, elle se demanda si elle n'avait pas tout bonnement rêvé, si tout cela n'était pas un affreux cauchemar. Roissy... L'avion... L'urgence... Hélas, il lui fallut se rendre à l'évidence.

Une douche bien fraîche, des vêtements soignés lui redonnèrent du courage. Un jour nouveau se levait, porteur d'espoir. Et c'est finalement presque joyeuse qu'elle regagna le réfectoire pour le petit déjeuner.

Elle y arriva la première, au moment où la serveuse ouvrait la porte. Une autre infirmière la suivit de près. C'était justement Clotilde, son amie, la seule qui fût au courant du retour de Gilles.

« Florence ! fit-elle avec surprise. Tu n'es donc pas allée à Roissy hier soir ? Tu es déjà rentrée ?

— Il y a eu une urgence, juste au moment où j'allais partir.

— Mon Dieu ! quelle malchance ! Et naturellement tu n'avais aucun moyen de prévenir Gilles.

— J'aurais pu lui faire remettre un message. Mais au début je pensais avoir le temps d'arriver malgré tout. Après, ça s'est compliqué, on n'a pas pu joindre l'anesthésiste, il a fallu que Crépin fasse un éther. Et ensuite c'était trop tard.

— Ma pauvre Flo ! Pourquoi ne m'as-tu pas réveillée ? Nous aurions passé un moment ensemble. Comme tu as dû être malheureuse !

— A une heure pareille ? Tu n'y penses pas ! Tu vas être tellement occupée, toute la journée.

— N'exagère pas ! J'aurais aimé te

remonter le moral, tu le sais, tout de même. Enfin, je te reconnais là, ma Flo! dit Clotilde avec un sourire amical. Comme Gilles a dû être déçu! poursuivit-elle. Il n'a pas téléphoné?

— Pas que je sache. Il n'ignore pas qu'il n'y a que la ligne du médecin de garde, la nuit. Il n'a sans doute pas osé.

— Trop délicat, ce garçon! ironisa Clotilde. Trop bien éduqué... Mais il va appeler d'un moment à l'autre. A huit heures, sûrement!

— C'est ce que je pense aussi», déclara Florence qui, à la perspective d'entendre la voix de son ami, oubliait un peu ses tourments.

Elles se turent car d'autres infirmières entraient dans la cantine.

«Ah, c'est ton jour de sortie, Flo! Dis donc, tu pars bien tôt!

— Et qu'est-ce que tu es élégante!

— Un peu pâle, cependant! J'ai appris que tu avais assuré une urgence, hier soir. Allons, un peu de rouge à joues, et tu retrouveras ta bonne mine.

— Veinarde! Tu as des projets intéressants, pour aujourd'hui? Il fait un temps radieux!»

Noyée par le flot des réflexions de

ses camarades, Florence ne répondit pas. Elle se contenta de sourire et s'efforça de manger le plus vite possible afin d'échapper à leurs remarques.

Elle tendait désespérément l'oreille dans l'espoir que le téléphone sonnerait, prête à se précipiter dès le premier appel.

A la fin du repas, elle cherchait un moyen de ne pas s'éloigner du standard, se demandant où aller. Clotilde, devinant ce qui la tourmentait, vint à son aide. Son service se trouvait au rez-de-chaussée, proche des bureaux.

« Attends-moi à mon poste de garde, chuchota-t-elle. Je cours prévenir la standardiste, qu'en cas d'appel, elle te joigne chez moi.

— On ne se demandera pas ce que je fais dans ton poste ?

— C'est ton jour de congé, tu es libre d'aller où tu veux. D'ailleurs, sois tranquille, nous ne verrons personne.

— Tu es gentille, Clotilde. »

Florence alla s'asseoir au fond du petit bureau. A son retour, Clotilde, la voyant croiser et décroiser les mains sur ses genoux, lui demanda de l'aider à ranger des boîtes de compresses.

« Tu t'énerveras moins qu'à rester sans rien faire, lui dit-elle.

— Tu as raison. Huit heures et demie, déjà ! Tu ne trouves pas que c'est étrange qu'il n'ait pas appelé ?

— Il a pu avoir quelque chose de très urgent, ce matin.

— Quelque chose d'urgent... » répéta Florence.

Comme s'il pouvait exister une chose plus urgente que de la retrouver, elle !

4

Clotilde allait et venait exécutant son travail de la matinée. Florence finit de ranger ses compresses, puis rejoignit sa camarade pour lui proposer son aide. Une pensée occupait son esprit. Toujours la même. Pourquoi Gilles ne téléphonait-il pas ? Il serait bientôt dix heures... Se pouvait-il qu'il n'eût pas encore trouvé un moment pour appeler Rouville ?

« C'est incompréhensible, n'est-ce pas, Clotilde ? »

Clotilde, elle non plus, ne comprenait pas. Mais elle s'efforçait de rasséréner son amie.

« Tu sais, il peut y avoir beaucoup de raisons. D'abord, rien ne prouve que son avion a bien atterri à Roissy. Il y avait pas mal de brouillard, hier soir, et il a pu être dérouté sur Bruxelles, par exemple.

— Dans ce cas, Gilles aurait appelé.

— Il veut peut-être te faire une surprise ! Qui te dit qu'il ne va pas arriver ici, par le train ? Tu sais comme il est secret et imprévisible...

Tout de même, il doit bien penser que je meurs d'inquiétude ! s'écria Florence. Non, si son avion avait été obligé de se poser ailleurs, il m'aurait téléphoné pour me rassurer.

— Pas forcément ! Il ignorerait que tu ne te trouvais pas à Roissy, dans ce cas. Mais il penserait, par contre, que tu es au courant. On annonce toujours les changements à l'intention des gens qui attendent dans l'aérogare.

— Hum... Hum...

— D'ailleurs, il n'a peut-être pas pris cet avion, supposa encore Clotilde, désireuse, avant tout, de redonner du courage à la malheureuse Florence. Un empêchement à la dernière minute. Rappelle-toi le jour où le patron devait revenir du Japon. Nous l'attendions un soir, il n'est arrivé que le lendemain. »

Les yeux de Florence s'éclaircirent.

« C'est vrai, je ne pensais pas à cela. Je vais téléphoner à Air France. »

Elle se rendit au standard et demanda la cabine, ne voulant pas qu'on entendît la conversation.

« Roissy informations... Vous désirez savoir, mademoiselle, si un docteur Martin était au nombre des passagers du vol de New York, hier à 21 h 30 ? C'est bien cela ?

— Oui, madame.

— Ne quittez pas. »

De tout son cœur, Florence espérait qu'on lui répondrait non. Dans ce cas, elle n'avait pas lieu de s'inquiéter. Il y aurait un appel ou un télégramme dans la matinée.

« Allô... mademoiselle ?

— Oui... souffla-t-elle, d'un filet de voix.

— Désolée... Excusez-moi de vous avoir fait attendre, mais je ne voulais pas dire de bêtises. Nous n'avons pas le droit de donner ce genre de renseignement. Vous comprenez, il s'agit de protéger nos clients... De protéger leur vie personnelle, vous voyez ?

— Mais, c'est très important, insista Florence.

— Impossible, mademoiselle. Surtout pour un vol international. Il faudrait demander cela à la Police de l'Air, faire une longue démarche, quoi.

— Oui... Je comprends. Une question, encore, s'il vous plaît. Le vol d'hier soir a-t-il atterri à Roissy ?

— Tout à fait. Au revoir, mademoiselle. »

Qui avait raccroché ? Etait-ce l'employée, était-ce Florence elle-même ? Elle n'aurait pu le dire, tant son émotion était grande. La malheureuse tremblait de la tête aux pieds, elle avait froid. Tout semblait tourner autour d'elle. Elle rentra au poste de garde en même temps que Clotilde.

« Eh bien ? demanda celle-ci.

— L'avion est bien arrivé à Roissy. Quant à savoir si Gilles figurait parmi les passagers, cela n'a pas été possible. Si, au moins, je connaissais l'adresse de son frère et de sa sœur... Ils savent peut-être quelque chose, eux...

— Mis à part ces deux membres de sa famille, tu ne connais personne chez qui il aurait pu aller, ou qu'il aurait appelé ? »

Florence fit signe que non. Il y eut

un silence. Au bout d'un moment, elle reprit.

« Avant de partir, il habitait avec un ami, près de l'hôpital Lariboisière, où il travaillait.

— Cet ami, tu le connais ? Gilles a pu aller chez lui en arrivant.

— Il a quitté Paris, lui aussi, un peu avant Gilles.

— Leur ancienne gardienne est peut-être au courant ?

— Il n'y en avait pas. On mettait le courrier dans des boîtes situées sous le porche. »

Soudain, le téléphone sonna. Le timbre aigrelet résonna dans la petite pièce, laissant les deux amies muettes de saisissement. Cette sonnerie tant attendue prenait tout à coup l'allure de quelque chose de redoutable. D'hostile, même.

Le premier instant de stupeur passé, Florence saisit le combiné, sur un coup d'œil complice de Clotilde.

A son visage, celle-ci devina la déception de sa camarade. Le correspondant n'était pas celui qu'elle attendait : une ancienne malade souhaitait la remercier pour les soins attentifs qu'elle lui avait prodigués. Florence lui dit quelques mots aimables, puis reposa l'appareil.

« Si j'appelais Lariboisière, suggéra-t-elle au bout de quelques minutes. Il est possible qu'il ait voulu y passer, en arrivant. Son "patron" souhaitait peut-être le rencontrer tout de suite... A moins que le professeur américain chez lequel il faisait ce stage ne lui ait confié des documents à remettre d'urgence...

— Possible », admit Clotilde sans trop y croire.

Florence appela le poste de garde de l'hôpital parisien. Un employé assez bougon lui répondit :

« Le docteur Gilles Martin ? Attendez, oui... Je me souviens. Il était dans le service du professeur Than. Il est parti pour les Etats-Unis.

— Il devait revenir hier. Il n'est pas passé à l'hôpital ?

— Ça, je n'en sais rien. Je ne l'ai pas vu, c'est tout ce que je peux vous dire.

— Si vous le voyez, voudriez-vous lui demander de téléphoner à Rouville ?

— A... comment dites-vous ? Rouville ? Mais, même s'il venait, il y a peu de chances pour que je le voie, du moins aujourd'hui, car j'ai terminé mon service.

— Seriez-vous assez aimable pour laisser un message à votre remplaçant? Lui demander de dire au docteur Martin d'appeler?

— Bon, je vais essayer. C'est pas tout, mais j'ai mon bus à prendre, moi... »

Florence le remercia et raccrocha. Clotilde, qui avait été appelée dans une chambre, revint au bout d'un moment.

« Tu viens déjeuner à la cantine, Flo?

— Oh non, je ne pourrais pas... Personne ne s'étonnera de ne pas me voir, puisque c'est mon jour de congé. Tu veux bien que je reste ici?

— Naturellement. Je te monterai un sandwich et quelques biscuits.

— Ce n'est pas la peine, je serais incapable de les avaler.

— Flo, s'il s'agissait d'un de tes malades, tu lui dirais qu'il faut manger, n'est-ce pas? Ça ne sert à rien de perdre ses forces. »

Restée seule, Florence sentit son angoisse augmenter. Une question tourmentait son esprit, toujours la même : pourquoi Gilles ne téléphonait-il pas? Il n'était pas possible qu'il ait pris ombrage de son absence à l'aéroport. Il était assez intelligent pour penser que seul un empêchement de dernière minute avait pu la motiver. Il n'ignorait pas que, dans un hôpital, surviennent sans cesse des imprévus.

Clotilde revint bientôt : elle avait sans doute pris un repas sommaire afin de ne pas abandonner sa camarade trop longtemps. De la cantine elle ramenait un sandwich au jambon, un morceau de fromage et deux mandarines. Elle força Florence à manger un peu.

« Et s'il avait eu un accident ? suggéra cette dernière.

— Allons ! On t'aurait prévenue ! Il a sûrement ton adresse sur lui. Je te comprends bien, ma Flo. Mais il ne faut pas imaginer le pire. Il peut y avoir d'autres raisons.

— Lesquelles ? »

Clotilde ne trouva pas de réponse.

L'après-midi, on amena dans son service le jeune couvreur opéré de la veille. Il n'avait pas besoin de surveillance intensive. Aussi le patron avait-il décidé de le transférer dans une chambre ordinaire.

« Il a l'air bien, dit Clotilde. Florence,

je n'ai pas beaucoup de temps à lui consacrer en ce moment. Tu ne veux pas aller lui dire bonjour ? Il est au 9. »

Florence poussa aussitôt la porte de la chambre. Le jeune homme était un peu pâle, mais semblait détendu. A sa vue, il sourit.

« Je vous reconnais, murmura-t-il. Vous avez été si gentille hier soir... Comme vous êtes élégante ! Mais... vous sortez ?

— Peut-être... Enfin, pas tout de suite. C'est mon jour de congé. Vous avez l'air en pleine forme ! » lança Florence d'une voix enjouée.

Un sourire éclaira le visage du malade.

« Votre maman viendra tout à l'heure.

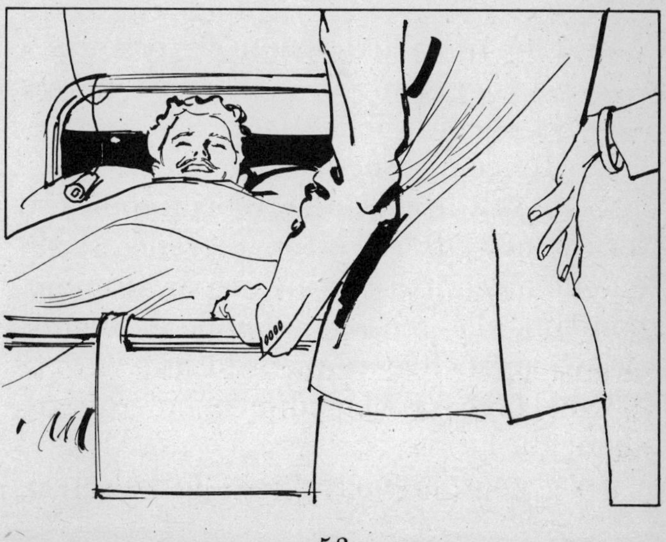

Après son travail. Elle a téléphoné. Vous êtes content ? »

Il fronça les sourcils.

« Qu'avez-vous ? demanda Florence. Il y a quelque chose qui vous ennuie ? »

Il fit signe que oui.

« Mon amie... murmura-t-il avec peine. Enfin, ma fiancée. Elle doit être folle d'inquiétude. Hier soir... Nous... Nous devions sortir...

— Votre mère l'aura prévenue...

— Non... Elle ne la connaît pas encore. »

Sa voix n'était plus qu'un souffle. Florence se pencha vers lui.

« Où peut-on la joindre, cette jeune fille ?

— Elle travaille... salon de coiffure... 20.17 à Clermont.

— Et elle s'appelle ?

— Renée... Renée Dumont. »

Cette fois le malade semblait épuisé. Il ferma les yeux et se tut. Florence se dit qu'elle ne connaissait même pas son nom. Soudain, elle pensa à la feuille de température accrochée au pied du lit.

Paul PRANEAU, lut-elle en s'approchant du lit.

« Ne vous inquiétez pas. Je vais téléphoner à Mlle Dumont. Ne parlez plus, essayez de dormir. »

Au passage elle expliqua à Clotilde ce qu'elle allait faire et appela. Une voix jeune, anxieuse, lui répondit :

« Renée Dumont... Oui, c'est moi... C'est à quel sujet ?

— Rien de grave, soyez tranquille. Je vous téléphone de la part de M. Paul Praneau. Il a eu un petit accident, il est à l'hôpital de Rouville. Ne vous inquiétez pas, tout va bien.

— Mon Dieu, mon Dieu ! C'est vrai, au moins ? Ce n'est pas grave ?

— Tout danger est écarté, je vous le jure. Je suis infirmière à Rouville.

— Vous avez dit "un accident"... Quand est-ce arrivé ? Hier soir ?

— Il ne s'agit pas d'un accident de voiture. Il est tombé d'un toit, pendant son travail. Mais, croyez-moi, il ne risque plus rien, tout va pour le mieux.

— Je peux venir le voir ?

— Un tout petit moment, pour ne pas le fatiguer. Je ne sais pas si vous aurez un train, ce soir, pour Rouville...

— Oh, je viendrai en mobylette. Merci, mademoiselle, merci. Vous ne pouvez pas savoir dans quelle angoisse j'étais... »

« Vous ne pouvez pas savoir. » Ces mots résonnaient dans la tête de Florence. Hélas, oui, elle savait... Mais Renée Dumont, désormais, était rassurée. Tandis qu'elle...

Elle retourna dans la chambre pour annoncer au couvreur que sa fiancée était prévenue.

« Elle viendra vous voir tout à l'heure. Si vous êtes sage ! »

Il sourit, heureux.

A ce moment-là, la porte s'ouvrit sur Robert. Etonné, l'interne dévisagea Florence sans rien dire, puis s'avança vers le blessé. Il lui prit le pouls, consulta sa fiche de température et lui assura que tout était normal. Enfin, se tournant vers Florence, il lui lança, d'une voix sèche :

« Mademoiselle, depuis quand les infirmières se rendent-elles au chevet des malades en costume de ville ?

— Mais... C'est mon jour de congé !

— Que faites-vous là, dans ce cas ? Auriez-vous oublié le règlement ? La tenue obligatoire du personnel soignant y est mentionnée, je suppose ! A l'avenir, il faudra tâcher de se montrer plus disciplinée, n'est-ce pas? Quant à votre excès de zèle, il me paraît tout à fait déplacé.» Là-dessus, Robert sortit.

Florence regagna le poste de garde et se laissa tomber sur une chaise.

«Je t'assure, Clotilde, qu'il lui est arrivé quelque chose... Un accident... comme à ce garçon. Sans moi, la jeune fille n'aurait pas été prévenue... Si Gilles n'avait pas mon adresse sur lui... Et s'il était sans connaissance... S'il était... En plus, je viens de me faire rappeler à l'ordre par Robert. Il devient hargneux, depuis l'incident du docteur Martel... Autrefois, il plaisantait avec moi, mais maintenant...

— Ne t'inquiète pas! Ses sautes d'humeur sont bien connues! Pour ce qui est de Gilles, j'ai une idée... Je crois qu'il existe à Paris un poste de police où l'on peut se renseigner sur les accidents survenus au cours de la journée, déclara-t-elle soudain. Je ne sais pas où il se trouve, mais nous pouvons nous adresser à la gendarmerie.

— Bonne idée! approuva Florence. Mais j'en tremble d'avance... Imagine-toi qu'ils me répondent que... Bon, je vais essayer », lança-t-elle, décidée à tenter cette piste.

Elle prit le téléphone et expliqua qu'à l'hôpital de Rouville, on s'inquiétait au sujet d'un médecin. Le docteur Gilles Martin, de passage à Paris depuis la veille.

« Le brigadier va se renseigner », dit-elle en raccrochant.

Elles attendirent, anxieuses. Enfin, le téléphone sonna.

C'était la gendarmerie de Rouville. Aucun accidenté du nom de Gilles Martin n'avait été signalé.

Mais, alors, où se trouvait le docteur Gilles Martin ?

5

La journée s'étira avec une lenteur insupportable. Florence se rendait compte combien l'attente et l'incertitude peuvent être cruelles. Elle pensait aux familles de ses malades qu'elle avait si souvent vues torturées par l'ignorance du sort réservé à un être cher. A plusieurs reprises, elle regagna sa chambre, histoire de meubler des heures désespérément vides. Clotilde s'efforçait de lui remonter le moral, tant qu'elle pouvait. Pourtant, au fond d'elle-même, Florence perdait espoir. Par nature elle n'était pas quelqu'un qui renonce facilement et son métier n'avait fait que développer ce trait de caractère. Combien de fois avait-elle vu des malades pour lesquels tout espoir semblait perdu. Sauvés grâce aux efforts de l'équipe médicale de Rouville ? Espérer. Espérer encore, envers et contre tout...

Le soir, Clotilde força Florence à aller dîner à la cantine. Jeûner ne servirait à rien. Elles descendraient ensemble, le plus tard possible, quand tout le monde serait déjà parti.

Tout le monde, c'était trop dire. En fait, il restait une seule personne, Lise, l'infirmière des enfants.

« Tu viens de Paris ? demanda-t-elle en voyant Florence en tailleur de ville. Tu as passé une bonne journée ?

— Oui, je te remercie », répondit Florence avec effort.

Lise était sans doute l'une des rares infirmières que Florence n'avait pas croisées, durant cette sinistre journée, au détour d'un couloir ou au poste de garde de Clotilde. A chaque fois, il lui avait fallu répondre aux curieuses, trouver des raisons pour justifier sa présence ; par chance, la plupart des jeunes filles employées à Rouville étaient plutôt discrètes. Et, par une chance extraordinaire, Florence n'avait pas rencontré Mme Benoît, occupée sans doute dans une autre aile du bâtiment. Il lui semblait qu'elle n'aurait pu s'empêcher d'éclater en sanglots si la surveillante, la voyant si triste et habillée pour sortir, lui avait posé une question.

Clotilde l'obligea à manger un peu, puis à prendre un somnifère.

« Il faut absolument que tu dormes. Tu n'as déjà presque pas dormi la nuit dernière ! Pense que tu dois travailler demain matin. »

Demain matin... Florence avait l'impression que ces mots n'avaient plus de sens. Il lui semblait que demain était quelque chose de très lointain, que d'ici là il pourrait se passer une foule d'événements. Le téléphone sonnerait-il pour elle ? Qui sait ? La standardiste partie, elle n'ignorait pas que la seule ligne était branchée sur le service de nuit. Mais, s'il avait eu un empêchement durant toute la journée, cette fois Gilles n'hésiterait peut-être pas à déranger l'interne de garde... Du moins l'espérait-elle.

Leur repas terminé, les deux amies remontèrent dans la chambre de Florence. Clotilde bavarda un peu avec elle, pour essayer de la distraire. Puis elle se retira en lui souhaitant une bonne nuit :

le somnifère l'aiderait sans doute à trouver le sommeil. Mais Florence savait bien que, malgré la petite pilule que son amie l'avait forcée à avaler, elle aurait du mal à s'endormir. Après s'être déshabillée et avoir fait sa toilette, elle laissa errer son regard dans la chambre : ses yeux se fixèrent sur une étagère sur laquelle se trouvait le coffret où, depuis six mois, elle rangeait les lettres de Gilles.

Le cœur gros, elle saisit la boîte et l'ouvrit. A la vue de l'écriture du jeune homme, elle sentit des larmes rouler sur ses joues.

Ces lettres... à force de les relire, elle les savait presque par cœur.

Elles les reprit dès le début : l'arrivée de Gilles aux Etats-Unis, l'émerveillement du commencement de son stage. Un des professeurs avec qui il devait travailler, un certain docteur Gibson, lui était particulièrement sympathique. Et cette sympathie était réciproque : Gibson l'avait invité à dîner. Gilles avait fait la connaissance de sa femme, tout à fait charmante, et de ses deux enfants, Paul et Nora, dix-huit et dix-neuf ans, également très aimables. Paul était étudiant en droit, Nora faisait sa médecine.

Les Gibson avaient réinvité Gilles, et peu à peu, il était devenu de leurs intimes, partageant excursions et promenades en bateau. Florence se réjouissait que Gilles eût trouvé d'aussi bons amis, sans compter qu'un homme comme le professeur Gibson pouvait l'aider dans sa carrière...

Tout à coup, elle releva la tête : une idée affreuse lui était venue à l'esprit. Etre le gendre d'un grand patron, quel atout pour un jeune! Et Nora Gibson avait dix-neuf ans...

Mais elle mit vite ces sombres pensées sur le compte de son imagination, ou de la fatigue. Elle s'en voulut même d'avoir envisagé que Gilles, si droit, eût pu avoir l'idée d'une aussi sombre machination. D'ailleurs, le ton des lettres qu'elle relut fiévreusement démentait totalement pareille hypothèse. Le jeune médecin y disait toute la tendresse qu'il éprouvait pour la petite infirmière qui l'attendait à Rouville.

Pourtant, Florence fut à nouveau assaillie par le doute qui avait occupé son esprit un instant auparavant. Nora... Que disait-il de Nora? Le jour de leur rencontre : « Une jolie blondine... » Jolie?

Sur le moment, Florence n'avait même pas remarqué. Ensuite, il parlait peu de la jeune fille. Une fois ou deux, il mentionnait : « Paul et Nora étaient là » ! Dans les dernières lettres il ne parlait plus de la fille du professeur Gibson. Etait-ce bon signe, ou au contraire...

Florence se demanda si Nora Gibson faisait partie de l'expédition dans le Grand Nord qui avait précédé le retour de Gilles. Aucun indice à ce sujet. Comment savoir ? Soudain, une pensée plus terrible encore que toutes celles qui avaient torturé la malheureuse traversa son esprit : n'était-elle pas sans nouvelles depuis un mois ? Et si un accident était arrivé, au cours de l'expédition vers le cercle polaire ? Non, ce n'était pas raisonnable ! On l'aurait appris ! Mais qu'est-ce qui était raisonnable, finalement, dans toute cette histoire ? Florence ne savait plus.

« La fille du professeur... » « Une jolie blondine... » Ces mots agressaient sans cesse son esprit tourmenté.

Non, non, pas Gilles. Ce n'était pas possible... Il l'aimait, elle était sûre de lui !

Oui, mais il était ambitieux aussi. Cette

ambition, d'ailleurs, n'était-ce pas elle-même qui l'avait encouragée, au moment où, désespéré, il était prêt à tout abandonner[1] ?

Ces pensées se bousculaient dans son esprit en une ronde infernale.

Elle ne ferma pas l'œil de la nuit. Le matin, épuisée, elle retrouva ses camarades à la cantine. Celles-ci, comme toujours, bavardaient gaiement, parlant d'un film américain qui venait de sortir, avec une vedette en vogue.

« Comment font-ils, là-bas, pour trouver tant de jolies filles ? demanda une des infirmières en riant.

— Nous en avons aussi chez nous ! protesta une autre.

— Oui, bien sûr. Mais je trouve que ces jeunes Américaines ont un éclat, un attrait...

— De belles voitures, des maisons de rêve, avec piscine, télévision dans toutes les pièces. Le luxe, quoi ! jeta une autre encore, les yeux rêveurs.

— Rien à voir avec des petites bonnes femmes comme nous, soupira une brunette aux yeux rieurs. Allons ! Nous ne

---

1. Voir *La Salle des Urgences.*

manquons pas de charme, nous aussi. Et puis, moi, j'aime bien les films français... Sophie Marceau, vous ne la trouvez pas jolie ? Et Adjani ? Et... »

Florence avala vivement le reste de son café et sortit, Clotilde la rejoignit dans l'escalier.

« Ma pauvre Flo... Ne te laisse pas aller ; tu auras sans doute des nouvelles aujourd'hui. Gilles n'a pas pu disparaître comme un fantôme !

— A moins qu'il ne l'ait voulu ! répliqua Florence, l'air sombre. A moins qu'il ne veuille plus me revoir ! »

Elle fit part à son amie du soupçon qui lui était venu pendant la nuit.

« Ne me dis pas que c'est impossible, Clotilde. Tu sais aussi bien que moi que ces choses-là arrivent tous les jours. Et puis, rien ne prouve qu'il est rentré en France. Il peut tout aussi bien avoir décidé de rester là-bas !

— Tu déraisonnes, ma pauvre Flo. Je comprends que tout cela te perturbe, que tu envisages les pires raisons, mais tout de même... N'oublie pas que Gilles a été envoyé aux U.S.A., par le professeur Than, de Lariboisière. Il a des comptes à lui rendre, un rapport à lui soumettre, sûrement. Et il ne va pas tout laisser tomber, comme ça, sur un coup de tête! Tu sais combien il est sérieux et consciencieux!

— Tu as raison, mais j'avoue que je ne distingue plus ce qui est possible de ce qui ne l'est pas, constata Florence en soupirant.

— Normal. Mais réfléchis, Flo. Si tu étais allée à Roissy, comme prévu, tu l'aurais trouvé à la descente de l'avion.

— Il comptait peut-être tout me dire à ce moment-là, je ne sais plus. Clotilde, il me semble que je perds la tête.

— Je te comprends, Flo, mais il ne faut pas t'affoler. Suppose qu'il ait été obligé, pour une raison quelconque, de quitter Paris hier matin de bonne heure. Ne t'ayant pas vue à l'aéroport, il n'a pas pu te prévenir.

— Il aurait pu me téléphoner hier dans la journée.

— Il le fera sûrement aujourd'hui. »

Florence poussa un grand soupir et se dirigea vers son service. Les tâches quotidiennes l'attendaient : le tour des chambres, le relevé des températures que la garde de nuit prenait avant son départ, la distribution des médicaments. Tout cela n'était ni difficile, ni pénible, mais demandait de l'attention. Elle dut faire un effort pour se concentrer. Il fallait sourire, échanger quelques mots avec les malades. Toutefois, ces obligations avaient du bon : elles permettaient d'oublier ses soucis personnels. La jeune femme du 12, la brûlure du bras, souffrait encore un peu.

« Est-ce normal, mademoiselle, après plusieurs jours ?

— Les brûlures sont toujours douloureuses. Cela passera bientôt, n'ayez pas peur.

— Faut-il être bête, n'est-ce pas, pour se brûler avec une cuisinière à gaz que

je connais comme ma poche! Je vais vous expliquer : je voulais faire un pot-au-feu et...»

La jeune infirmière n'avait guère envie de l'écouter, mais elle s'efforça de suivre le récit détaillé de l'accident, la description de la gazinière et de la marmite et promit enfin à la malade qu'avec un calmant, elle passerait malgré tout une bonne journée.

La chambre voisine était occupée par la dame âgée opérée d'un polype abdominal. Elle accueillit Florence avec un sourire.

«Le moral est bon, à ce que je vois!

— Oh, il n'a jamais été mauvais, vous le savez bien. L'opération ne me faisait pas peur. C'est mon mari qui me tourmentait : j'avais vraiment pitié de lui, le pauvre.»

Une vague d'émotion serra la gorge de Florence...

Le couvreur accidenté l'avant-veille retrouvait la joie de vivre. Il avait bien supporté le choc opératoire. La visite de sa fiancée lui avait mis du baume au cœur. Il se confondit en remerciements pour le geste de Florence qui avait apaisé la folle inquiétude de la jeune coiffeuse.

Elle reviendrait le voir à l'heure des visites, et la perspective de cet heureux moment lui permettait de supporter la douleur qu'il ressentait encore.

A la fin de la matinée, Sandra, l'aide-soignante, vint avertir Florence que Camus voulait lui parler. Il était sortant à midi. Il avait quelque chose à lui dire.

«Je sais ce que c'est! Chaque fois qu'il s'en va, il prétend qu'il n'est pas guéri, qu'on n'avait pas le droit de le renvoyer. Et il en profitera pour me supplier de lui donner des cigarettes!»

Elle n'avait pas le courage de le rencontrer. A coup sûr, il ne manquerait pas de lui demander des nouvelles de Gilles. Il voudrait savoir s'il viendrait bientôt à Rouville, quand il pourrait le rencontrer... Non, il ne fallait pas qu'elle parle avec le clochard, elle ne parviendrait sûrement pas à sauver la face. Sandra n'avait qu'à aller lui annoncer qu'elle se trouvait en salle d'opérations et ne pouvait s'absenter avant le début de l'après-midi. Et qu'ensuite, elle était encore prise. Bref, qu'elle ne pourrait lui accorder un moment de la journée. Il finirait bien par se décider à partir. L'important, c'était de faire en sorte de l'éviter autant que possible. Pas facile, avec la manie de Camus de traîner toujours dans les couloirs, aux endroits où on s'y attendait le moins.

Pendant la visite, le patron demanda incidemment :

« Est-ce que quelqu'un a des nouvelles de Gilles Martin ? Il doit revenir ces jours-ci, il me semble. »

Il jeta un coup d'œil vers Florence. Comme tout le monde, à Rouville, il connaissait l'amitié des deux jeunes gens. Elle feignit de n'avoir pas entendu.

L'après-midi, elle travailla en salle de pansements avec Robert. Celui-ci restait froid et distant : il ne lui adressait la parole que pour les besoins du service.

« Qu'attendez-vous pour enlever cette bande ? lui lança-t-il d'une voix impatiente. Vous rêvez ?

— Non, docteur. Je... Je réfléchissais à... balbutia Florence, honteuse de s'être laissé surprendre une fois encore par les sombres pensées qui hantaient son esprit.

— Parce que, pour défaire un pansement, vous avez besoin d'une longue réflexion, grogna l'interne. S'il en est ainsi, je demanderai une autre infirmière. Compétente, celle-là. Nous n'avons pas de temps à perdre.»

Florence ne répondit pas. La malade — la brûlée du 12 — ne se hasarda pas à faire quelque commentaire pour décrisper l'atmosphère. Elle suivit des yeux les gestes précis de l'infirmière qui réussit à garder son calme. Elle avait la conviction que quelque chose de grave avait créé cette hostilité entre deux êtres qu'elle avait connus bons amis au début de son hospitalisation. Son travail terminé, Florence lui adressa un sourire et l'aida à quitter la salle pour regagner sa chambre. Puis elle retourna en salle des pansements pour s'occuper d'autres malades.

Une ou deux heures s'écoulèrent dans un silence pesant. Florence s'efforçait d'être vigilante, voulant éviter à tout prix quelque nouvelle remarque. Robert semblait l'ignorer.

Toute la journée, elle espéra encore un coup de téléphone auquel elle ne croyait plus. Le soir, dans sa chambre, elle reprit les lettres de Gilles. Cette fois, le nom de Nora Gibson la hantait. C'était elle, il ne pouvait s'agir que d'elle... Florence l'imaginait, blonde, rose, éclatante comme les Américaines que l'on voit dans les films.

Et la fille d'un professeur, par-dessus le marché... Comment Gilles n'aurait-il pas fait la comparaison? Elle, Florence, n'était pas une grande beauté : une petite infirmière toute simple, sans rien au monde que son métier...

Il avait peut-être eu l'intention de tout lui dire à l'arrivée. Et le lendemain il n'avait plus osé. Il savait bien qu'elle aurait mal... Et il détestait tellement faire souffrir!

6

Les jours, puis les semaines s'étaient écoulés, et Gilles n'avait donné aucun signe de vie. Aucun message de lui. Rien.

Une fois encore, M. Martel avait demandé si personne n'avait eu de ses nouvelles ; Florence, devinant qu'il s'adressait à elle en particulier, avait été bien obligée de répondre. S'efforçant de cacher l'inquiétude qui la tourmentait, elle avait déclaré ne rien savoir à son sujet. En principe, reconnut-elle, Gilles devait rentrer en France à cette époque, mais elle ignorait s'il l'avait fait comme prévu. Le patron l'avait considérée avec étonnement durant quelques instants mais n'avait pas insisté et Florence lui sut gré de sa discrétion.

Le soir, avec Clotilde, elle se laissait aller à son chagrin. Son amie commençait à croire, elle aussi, que Gilles ne voulait plus la voir.

« De sa part, cela m'étonne, disait-elle. Mais le fait est là... »

En effet, les services du professeur Than, à Lariboisière, avaient confirmé à Florence le retour du médecin, qui avait fait une brève apparition puis n'avait plus donné de nouvelles. Il avait remis un rapport remarquable au professeur, sur les derniers progrès accomplis en cardiologie, mais n'avait pas parlé de ses projets immédiats.

Pour Florence, la vie devenait intolérable. Elle ne pouvait plus supporter Rouville, et ses travaux quotidiens. Elle remplissait sa tâche machinalement, devinant qu'elle ne s'intéressait plus à ses malades comme avant. Elle faisait de son mieux, mais le cœur n'y était plus.

Elle eut la confirmation de ce changement lorsqu'elle dut travailler dans la salle des urgences une nouvelle fois. Il s'agissait d'un accidenté de la route. Et, tandis qu'elle accomplissait les gestes habituels, elle se rendit compte que désormais elle n'avait plus la ferveur d'autrefois. Bien sûr, les soins qu'elle prodiguait n'avaient rien perdu de leur efficacité, mais elle n'y mettait plus la chaleur humaine et l'enthousiasme qui la caractérisaient jusque-là. La salle des urgences lui rappelait peut-être de trop mauvais souvenirs...

La vie avec ses collègues devenait pénible, elle aussi. Tous ces gens-là avaient connu Gilles — tous savaient quels sentiments les unissaient. Et même si nul ne posait de question, elle avait l'impression qu'on la regardait avec pitié : elle ne pouvait plus le tolérer.

« Je voudrais être loin, très loin », pensait-elle souvent.

Robert, l'interne, lui manifestait toujours une grande hostilité. Il semblait ne devoir jamais oublier l'affront qu'elle lui avait causé malgré elle. Une fois encore, elle avait su que Camus, le clochard, voulait la voir. Et, une fois encore, elle avait trouvé un bon prétexte pour l'éviter. Elle l'aimait bien, ce brave Camus, mais il lui rappelait, lui aussi, de douloureux souvenirs. L'aide-soignante, chargée d'éconduire le vieil homme, avait rapporté à Florence qu'il était entré dans une colère folle. « On ne voulait pas l'écouter... » « Il n'était qu'un vagabond et on ne lui accordait même pas quelques instants... » Enfin, Camus s'était estimé brimé et incompris et l'avait fait savoir à grands cris, Et puisqu'il en était ainsi, avait-il conclu, il irait faire soigner son ulcère ailleurs : pour rien au monde il ne remettrait les pieds dans l'hôpital de Rouville où l'on était si inhumain. Même qu'on ne voulait jamais lui octroyer un malheureux petit mégot !

Florence cherchait un moyen pour oublier ce qui la faisait cruellement souffrir. Elle devinait qu'il lui fallait coûte que coûte sortir du cadre de cet hôpital de campagne, où elle avait tant d'habitudes, pour découvrir un mode de vie différent. Le hasard l'aida. Feuilletant un journal médical oublié par le docteur Martel au poste de garde, elle découvrit une annonce qui allait lui permettre de recouvrer un certain équilibre. L'action désintéressée, au service des autres, dans un cadre différent.

On demandait, pour un pays africain en guerre, du personnel médical, médecins ou infirmières, disponible immédiatement. Des bénévoles. Pour un engagement de trois mois.

Sans plus attendre, la jeune infirmière alla dans le bureau de Mme Benoît, la surveillante, pour lui annoncer ses projets.

A la façon dont cette dernière la reçut, Florence devina que la surveillante avait compris les motifs de cette décision.

« Je crois que vous avez raison, lui dit-elle. Nous ne sommes pas à court de personnel en ce moment. Je pourrai rapidement réorganiser les services. Ne vous faites aucun souci... Mais sachez, mon petit, que nous vous regretterons. Nous avons tous, ici, apprécié votre compétence et votre douceur...

— Je vous remercie, madame, avait déclaré Florence. J'ai eu beaucoup de chance de travailler avec vous... »

La surveillante n'avait pas cherché à en savoir davantage. Question de tact.

Le lendemain, Florence se trouvait à Paris, dans un bureau, où deux jeunes gens et deux jeunes filles s'affairaient au milieu de caisses et de paquets. Sur la porte, une inscription portait les lettres S.M.P.D., une association destinée à apporter une aide médicale aux pays en difficulté.

« C'est pour l'annonce ? Vous êtes

médecin ?» demanda le jeune homme qui, selon toute vraisemblance, dirigeait la petite équipe. Il avait un visage jovial, des yeux clairs pétillants d'intelligence. Ses camarades considérèrent la nouvelle venue avec bienveillance.

« Je ne suis qu'infirmière, répondit Florence d'une voix assurée. A l'hôpital de Rouville, dans les Yvelines. Si vous souhaitez demander des références, c'est sans problème.

— Vous ne partez pas sur un coup de tête, au moins ? Vous savez vraiment à quoi vous vous engagez ?

— Tout à fait.

— Vous êtes robuste ? C'est indispensable là-bas.

— Je n'en ai peut-être pas l'air, mais je suis très résistante.

— Vous n'avez pas peur ? Vous savez que la région est en guerre.

— Je l'ai lu dans les journaux.

— Déjà, en temps ordinaire, il y aurait beaucoup à faire dans ce pays. Mais actuellement, nous nous occupons des blessés. Vous avez déjà servi en salle d'opération ?

— Oui, souvent.

— Très bien. Je ne pense pas que vous soyez capable, le cas échéant, de faire une anesthésie ?

— Pas une anesthésie moderne, compliquée, bien sûr. Mais je sais parfaitement comment on s'y prend, pour avoir vu les médecins. A Rouville, j'appartiens au service des urgences, et c'est une expérience très précieuse : on y apprend beaucoup de choses... Un masque, par exemple, ne me poserait aucun problème. »

Elle pensa au couvreur... A Gilles... Ses yeux se mouillèrent, mais le jeune homme ne le remarqua pas.

« Vous avez des vêtements chauds ? De

bonnes chaussures? demanda l'une des jeunes filles. Le climat est chaud et humide, avec des nuits fraîches.

— Je ferai quelques emplettes, dit Florence. Je vous remercie de m'avoir prévenue.

— Et vous pourriez partir bientôt? voulut savoir celui qui l'avait interrogée jusque-là.

— Quand vous voudrez.

— Nous avons besoin de quelqu'un pour convoyer ces caisses et ces colis. Des médicaments. Des antibiotiques, surtout. Bien entendu, nous nous occupons des formalités. Quand pouvez-vous partir? Dès demain?

— Dès demain, si vous le souhaitez, monsieur. Mais... Je devrais peut-être dire "docteur", suggéra Florence.

— Ni "monsieur" ni "docteur", corrigea l'autre en riant. Je suis médecin, mais ici, on m'appelle Gaston. Et toi?

— Moi, Florence.

— Salut, Florence, dit la jeune fille qui lui avait parlé quelques instants plus tôt. Moi, c'est Nathalie.

— Et moi, Véronique, précisa sa compagne.

— Heureux de te connaître, lança le

second garçon. Frédéric», annonça-t-il en serrant la main de Florence.

Elle comprit qu'à partir de ce moment, elle faisait partie du S.M.P.D.

Les heures qui précédèrent le départ ne lui laissèrent pas une minute pour remuer de tristes pensées. Il fallut faire la liste des colis, les transporter à l'aéroport, les enregistrer. Puis elle s'activa à préparer une garde-robe appropriée : pantalons, pulls et chaussures confortables. Il lui resta tout juste le temps de boucler ses valises, à Rouville, après avoir fait des adieux rapides au personnel. Clotilde avait bien du chagrin de perdre sa meilleure amie. Florence la rassura : trois mois, ce n'était pas très long. Ensuite, à son retour, elle verrait ce qu'elle entreprendrait. Pour l'instant, elle l'ignorait, mais espérait beaucoup de ce changement, même s'il comportait de grands risques. Par bonheur, le docteur Martel était absent ce jour-là, retenu depuis une bonne semaine déjà, sur la Côte d'Azur où il participait à un congrès. Florence chargea Mme Benoît de lui transmettre ses adieux.

Le matin du départ, Gaston l'accompagna à Roissy. Il lui remit les papiers nécessaires, passeport, visa, billet d'avion, et lui souhaita un bon séjour.

« On viendra te chercher à Miula, précisa-t-il. Tu n'auras à t'occuper de rien. Mais, une fois sur le terrain, le boulot ne manquera pas, tu peux me croire !

— C'est ce que je recherche, répondit Florence d'une voix décidée.

— Bonne chance ! dit le médecin avec une tape amicale.

— Merci, Gaston. »

7

Une fois dans l'avion, assise seule le front appuyé au hublot à l'avant de l'appareil, Florence retrouva son chagrin. Ils avaient tant rêvé, Gilles et elle, aux voyages qu'ils feraient ensemble... Elle devait avoir l'air très triste, car l'hôtesse s'approcha et tenta d'engager la conversation.

« C'est la première fois que vous faites ce voyage ? »

Florence répondit d'un bref signe de tête : elle avait trop peur, si elle se laissait aller, de se mettre à pleurer. L'hôtesse s'éloigna et revint, avec un verre de jus d'orange. Cette fois, Florence se força à lui sourire.

Les heures passaient, interminables.

Pendant un moment, l'avion avait survolé des forêts denses, d'un vert foncé uniforme. Maintenant, tout était jaune — du sable, probablement.

La jeune infirmière regardait distraitement ces couleurs qui se succédaient audessous d'elle. Les voyait-elle seulement ? Elle essayait de penser à la nouvelle vie qui s'ouvrait devant elle. Mais, malgré elle, son esprit revenait toujours aux terribles moments qui l'avaient amenée ici, dans cet avion en route vers l'Afrique, Et, sans doute épuisée par l'activité fébrile de la veille, elle finit par s'assoupir.

A son réveil, elle se demanda si elle n'était pas en train de rêver. Que faisait-elle dans cet avion ? Des éclairs trouant la brousse la ramenèrent à la réalité. On approchait de la zone des combats, celle où Florence allait travailler.

Le pilote annonça que l'appareil amorçait sa descente. Dans quelques instants, on atterrirait. Jusque-là, la jeune infirmière n'avait pas porté attention à ses compagnons de voyage. Elle jeta un rapide coup d'œil dans l'avion et réalisa combien sa présence devait paraître insolite aux passagers. Une jeune fille, d'apparence fragile, s'en allait ainsi vers des zones de guerre... Personne, cependant, ne lui posa de questions.

L'atterrissage, sur le terrain inégal, fut difficile. L'appareil tressauta sur la piste défoncée avant de s'immobiliser devant un grand bâtiment en assez mauvais état faisant office d'aérogare. Comme elle était loin, l'atmosphère feutrée de la salle d'attente, avec fond de musique douce, qu'elle avait quittée quelques heures plus tôt, à Roissy!

En sortant de l'avion, Florence découvrit d'abord un tas d'objets hétéroclites : caisses, pièces de fer ou de bois à la destination inconnue. Il n'y avait pas une femme. Des Noirs vêtus de haillons s'affairaient çà et là.

Elle remarqua enfin un grand garçon maigre, au visage bronzé, qui se dirigeait vers elle. Au premier abord, elle le trouva sympathique. Il lui tendit la main.

«Tu es la nouvelle du S.M.P.D.?

— Oui.

— Je m'appelle Gérard. Et toi?

— Florence.

— Bon. Occupe-toi des colis : je vais

chercher la jeep. On a récupéré tes bagages ?

— Pas encore. Mais ne t'inquiète pas, je me débrouille. »

Tandis qu'il s'éloignait, elle surveilla le déchargement des caisses. Un groupe de Noirs s'était formé autour d'elle, regardant avec des yeux écarquillés ce qui se déversait de la soute. La plupart d'entre eux étaient très maigres, peut-être espéraient-ils que le convoi apportait du ravitaillement. A l'approche de la jeep, ils s'écartèrent.

« Embarquons vite tout ça, dit Gérard : nous n'avons pas de temps à perdre. Ça a chauffé dur, ces derniers jours. Tu as déjà vu la guerre, toi ?

— Non, jamais.

— Eh bien, ma pauvre fille, là-bas tu vas voir ce qu'elle a de pire. On fait ce qu'on peut, mais... »

Une fois la jeep chargée, ils se mirent en route. A mesure qu'ils avançaient, le bruit des détonations devenait plus fréquent et plus fort.

« Qu'est-ce que c'est ? demanda Florence. Des canons ? Des obus...

— Ils ont des armes et ils s'en servent à tort et à travers. Pour le moment, l'équipe médicale est installée dans un repli, au pied d'une colline. Les blessés sont à l'abri, c'est l'essentiel. »

Le jeune homme se tut ; attentif à contourner les bosses et à éviter les trous qui émaillaient la piste, il semblait absorbé par sa conduite. Un soleil de plomb dardait ses rayons : Florence jugea bon de coiffer le petit chapeau de toile ocre dont elle avait fait l'emplette à Paris.

Au bout d'une bonne heure de trajet, le conducteur se tourna vers elle et déclara qu'ils approchaient. Si près du but, Florence sentit son cœur battre très fort dans sa poitrine. Finalement, elle était heureuse de se retrouver dans ce coin perdu de l'Afrique.

Quand ils descendirent de la voiture, elle resta stupéfaite. En plein cœur de la brousse s'élevait un hôpital de fortune. Des branchages, grossièrement liés les uns aux autres, formaient une sorte de hangar. En approchant, elle aperçut des hommes couchés çà et là, sur des lits faits de caisses, sur des brancards et même sur la terre nue... Des planches, éclairées par une grosse lampe-tempête, servaient de table d'opération.

Un homme de petite taille, blond et mince, s'avança vivement vers les deux arrivants.

« Salut ! C'est toi, Florence, n'est-ce pas ? lança-t-il avec un sourire de bienvenue.

— Oui, bonjour.

— Je me présente : Alain. Bienvenue chez nous ! Vous avez les antibiotiques ? demanda-t-il, le visage soucieux, regardant tout à tour la jeune fille et le chauffeur de la jeep.

— Oui, assura Florence.

— Alors, ouvrez ça et très vite ! Le temps presse. Il y a déjà des plaies qui commencent à s'infecter. »

Florence s'activa aussitôt à faire les injections les plus urgentes. La plupart des plaies avaient été nettoyées à la hâte, de façon superficielle : des morceaux de tissu restaient collés dans la chair. Les blessés regardaient l'infirmière avec des yeux tristes. Ils souffraient sans se plaindre, résignés.

Les soins d'urgence demandèrent plusieurs heures. Florence n'avait même pas eu le temps d'enlever sa veste : tout en travaillant elle luttait désespérément contre la fatigue, la faim et le sommeil.

Enfin, Gérard déclara que le plus urgent avait été fait. On pouvait songer à se restaurer. Auparavant, il se chargea de présenter toute l'équipe à Florence. Le jeune homme roux à lunettes cerclées de fer qu'elle avait vu changer un pansement avec des gestes aussi rapides que précis, c'était Jean-Marie. Le gros garçon au visage jovial, laissant deviner un tempérament de bon vivant, se prénommait Etienne. Il serra la main de l'infirmière d'une solide poigne et plaisanta sur les charmes de l'endroit. Mis à part les moustiques, les coups de feu et la nourriture peu variée, tout allait pour le mieux ! Un autre médecin, resté silencieux jusque-là, s'avança enfin vers Florence et la remercia d'avoir convoyé la précieuse cargaison d'antibiotiques. Il s'appelait Victor. Quant à la jeune femme que Florence salua enfin, elle était médecin et se nommait Antoinette.

« Tu viens de Rouville ? s'exclama cette dernière. Ça alors ! Comme le monde est petit : J'y passais mes vacances, lorsque j'étais enfant. Ma grand-mère habitait le village. »

Un Noir, préposé à la cuisine, apporta une sorte de ragoût épicé. Florence avait tellement faim qu'elle ne s'apercevait même pas de ce qu'elle mangeait.

« Tu peux te vanter d'être arrivée à temps, toi ! lança Alain en se tournant vers Florence. Je commençais à me demander si nous ne serions pas obligés de couper cette maudite jambe !... Avec une bonne dose d'antibiotiques, je pense que le danger d'infection est écarté. »

Elle lui jeta un regard amical. Si elle avait servi à éviter le pire, cela la rendait heureuse. Mais elle se sentait si lasse qu'elle ne pouvait penser à rien. Toute la fatigue accumulée durant la journée lui pesait, subitement.

« On prend un pot en l'honneur de

la nouvelle ? » proposa Etienne, le visage jovial.

Ses camarades approuvèrent. Gérard disparut dans le réduit qui servait d'office et revint avec des bouteilles de bière. Florence n'osa pas refuser mais elle craignit que cette boisson fraîche n'accentue encore plus sa fatigue. Au contraire, cela lui fit l'effet d'un véritable coup de fouet : elle participa à la conversation chaleureuse qui occupa le reste de la soirée, comme si elle était là depuis toujours. Pour résister, dans cette atmosphère dramatique, ses nouveaux compagnons avaient besoin, de temps en temps, de se laisser aller comme des enfants. La jeunesse les aidait à oublier, un moment, les drames qui se jouaient sans arrêt à deux pas de là. Aucun ne semblait prendre garde aux détonations qui, par intervalles, perçaient le silence de la nuit. Une fois seulement, après quelques coups plus rapprochés, Alain remarqua :

« Ça a l'air de taper dur, là-haut. Ils doivent essayer de reprendre la colline.

— Un jour l'un, un jour l'autre : ça devient comme un jeu, constata Victor.

— Ce serait un jeu s'il n'y avait pas

tout ça », dit Jean-Marie en désignant les corps étendus sur le sol.

Antoinette déclara enfin que Florence devait avoir besoin de repos. Les deux filles partageraient le fond du hangar, derrière un rideau de toile. Comme les autres, elles feraient leur toilette dans la cuve de pierre où coulait un mince filet d'eau jaunâtre.

Florence souhaita une bonne nuit à ses camarades et suivit la jeune femme.

« Ce n'est pas très confortable, mais on dort quand même, tu verras », lui dit celle-ci, une fois dans leur « chambre ».

Maintenant, Florence se sentait si lasse qu'elle se demandait si elle arriverait jamais à trouver le sommeil... Chose curieuse, il lui semblait que Rouville était très loin, tellement plus loin que les quelques milliers de kilomètres qui les séparaient. Elle repassa mentalement le fil des événements de la journée. Il faisait frais. Le silence nocturne n'était troublé que par quelques coups de feu lointains ou par le cri d'un oiseau dans les bois. Les malades eux-mêmes s'étaient assoupis. Longtemps Florence écouta les bruits de la nuit africaine, puis elle sombra dans un sommeil de plomb.

Elle fut éveillée en sursaut par un remue-ménage, près du hangar. La nuit était noire : seules deux lampes-tempête accrochées aux branchages du toit permettaient de distinguer les silhouettes des malades alités. Au-dehors, on s'agitait autour d'une camionnette arrêtée au bord du talus.

Antoinette passa vivement sa blouse de toile grise. Florence l'imita.

« Tu ne te seras pas reposée longtemps, ma pauvre, regretta la jeune femme. Mais il fallait s'y attendre après la canonnade de ce soir.

— Ça ira. Je récupère très vite, tu sais ! En France, je faisais partie du service des urgences. Alors, tu imagines que j'ai l'habitude des imprévus ! »

Alain et Etienne, aidés du cuisinier Ali, déchargeaient les blessés et les déposaient sur la grande table.

Ils étaient quatre : l'un d'eux saignait abondamment de la jambe.

Gérard demanda à Florence de mettre un garrot, en attendant. Pour le moment, deux de ses compagnons, plus sérieusement atteints, devaient recevoir des soins de toute urgence.

« Deux abdomens, dit-il. Il faut intervenir. Jean-Marie, tu t'occupes de celui-ci?

— O.K., répondit le solide gaillard à l'abondante chevelure rousse, toute bouclée, en s'approchant du malade.

— Tu fais l'anesthésie, Antoinette?

— Bien sûr!»

Florence retrouvait l'ambiance de la salle des urgences, lorsqu'on y transportait un blessé. Des ordres, des gestes précis. La ferme volonté de se montrer efficace, de ne pas perdre un temps précieux. Mais là, en pleine brousse, l'atmosphère était encore plus grave, plus dramatique. On ne possédait que le strict minimum, et on se trouvait confronté à des cas extrêmement sérieux.

«Tu pourrais faire une anesthésie?»

La jeune infirmière répondit par l'affirmative.

«Alors, occupe-toi de-celui-là! Etienne, vois un peu ce qu'on peut faire pour le troisième. Et toi, Victor, jette un coup d'œil sur nos malades. J'ai l'impression qu'ils sont agités.»

En effet, des coins du hangar de fortune occupés par les patients montaient des plaintes. On se demandait ce qui se passait, on voulait savoir d'où venaient les nouveaux arrivants. Victor aurait fort à faire pour calmer les esprits et apaiser les souffrances.

« Un peu de lumière, s'il vous plaît. »

Les ordres fusaient. Il n'y avait pas une minute à perdre.

Une seconde lampe-tempête, plus grosse que l'autre, fut accrochée au-dessus de la table. Les médecins se mirent au travail en silence.

Quel spectacle hallucinant! Tout autour, la nuit. Un cercle de lumière où se jouait la vie de quatre hommes. Jamais Florence n'avait senti à ce point que leur salut dépendait de l'équipe et d'elle. Elle était épuisée, l'odeur de l'éther montant du masque lui faisait tourner la tête. Mais elle sentait qu'il fallait tenir et elle tiendrait!

Durant des heures, ils luttèrent. Quand ils eurent fini, le jour commençait à paraître. Ils déposèrent les opérés sur les paillasses. L'un d'eux gémissait faiblement. Jean-Marie essuya son front ruisselant de sueur. Au-dehors, un chien hurla. Florence tressaillit.

« Maintenant, dit Gérard, il faut nous reposer un peu en attendant la suite.

— Il va peut-être y avoir un répit,

remarqua Antoinette. Ça tape moins, depuis un moment. »

Florence s'aperçut alors qu'absorbée par son travail, elle n'avait même pas fait attention à la canonnade.

Alain et Victor prirent la garde. Florence, encore mal reposée de son voyage, devait tâcher de dormir : Gérard en avait décidé ainsi. Elle ne protesta pas et alla s'étendre derrière le rideau.

8

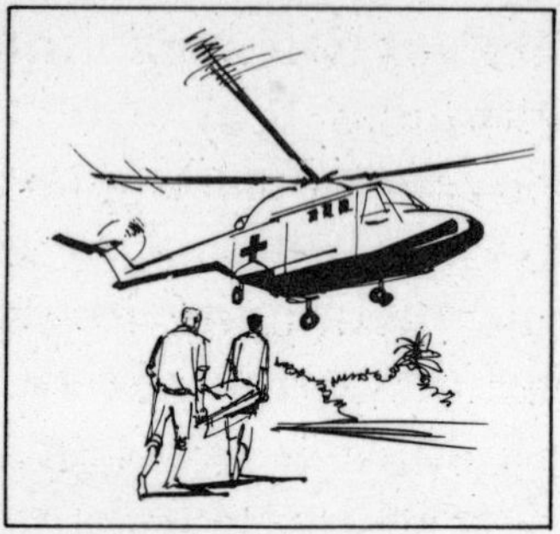

Quand Florence s'éveilla, il faisait grand jour. Elle se sentait reposée. Elle rejoignit ses compagnons en train de prendre leur petit déjeuner puis se mit au travail sans attendre les ordres. Toilette des malades, vérification des pansements, prise des températures... Les malades ne parlaient pas français mais, dociles, ils lui souriaient.

Les blessés de la veille ne donnaient pas lieu à s'inquiéter. Pour le moment, du moins, tout était normal.

La matinée fut relativement calme. Jean-Marie remarqua que le bruit de la bataille s'était déplacé vers l'ouest.

« S'il y a eu des blessés, ajouta-t-il, on a dû les transporter au groupe B. »

Ici, c'était le groupe A. Il y avait un

autre poste de secours à quelques kilomètres de distance.

« Vous les rencontrez quelquefois ? demanda Florence.

— Pas souvent : on n'a guère le temps de se faire des visites. On se rend de petits services quand on le peut. Avant ton arrivée, je ne sais pas ce que nous serions devenus si le groupe B ne nous avait pas envoyé quelques antibiotiques. Mais en général, nous nous contentons de communiquer par radio.

— Ils sont nombreux ?

— Six ou sept. A peu près comme nous... Je ne connais même pas leurs noms à tous : il y a un Américain, que tout le monde appelle Bob, deux Français, Richard et Martin, un Italien, Campana... »

Martin... A ce nom, Florence tressaillit. Jusque-là, très prise par sa nouvelle vie, elle avait essayé de ne pas penser à Gilles. L'action, le travail intensif et le dépaysement l'avaient aidée à étouffer son chagrin. Et voilà que, en plein cœur de l'Afrique, à des milliers de kilomètres de la France, un mot, un seul, bouleversait son cœur.

Mais elle n'eut pas le loisir de s'abandonner à sa peine. Alain prit le relais de son ami pour lui donner encore quelques renseignements sur le fonctionnement des deux équipes.

Elles avaient en commun un hélicoptère, pour transporter les blessés graves jusqu'à Limai, l'agglomération la plus proche. Un tout jeune Français, Marc, pilotait. Mais l'appareil était vétuste et Marc disait en riant que s'il venait à être blessé, il préférerait être évacué à dos d'homme! Néanmoins, en cas d'urgence, ce vieux coucou rendait de précieux services. D'ailleurs, la nouvelle venue ne tarderait pas à faire la connaissance du pilote puisqu'il devait venir chercher un blessé qui donnait quelque inquiétude aux médecins.

Une heure ou deux plus tard, en effet, l'appareil vrombit dans le ciel d'un bleu presque blanc... Il se posa à quelques mètres de l'« hôpital », et Florence fut présentée à Marc. Un véritable athlète, en tenue de brousse... Les malades, allongés sur leur paillasse, suivaient d'un œil d'envie celui qui avait la chance d'être dirigé vers un hôpital mieux équipé.

Devant tous ces regards anxieux, Florence regrettait de ne pas pouvoir leur adresser quelques paroles d'espoir. Elle essayait de leur expliquer, par gestes, que leur tour viendrait, si nécessaire, mais qu'on s'efforçait aussi de les guérir ici le plus vite possible.

A la fin de la semaine, Florence se sentit vraiment intégrée à l'équipe. Malgré la dureté de la vie, elle y trouvait une chaude camaraderie qui la réconfortait.

Elle avait été particulièrement touchée par un adolescent amputé de la jambe. Souvent, des larmes perlaient sur ses joues noires. Un jour, elle appela Ali, pour lui demander de servir d'interprète, mais celui-ci se contenta de hausser les épaules : sans doute trouvait-il suffisant de soigner les blessés, sans s'encombrer de discours inutiles. Alors elle s'approcha du garçon et lui posa doucement la main sur le front. Il la regarda avec gravité, l'air étonné.

« Si je pouvais seulement lui dire quelques mots ! » pensa-t-elle.

Tout à coup, elle eut une idée : elle prit un morceau de carton d'emballage, et tira un stylo de sa poche.

« Regarde ! » dit-elle.

Elle esquissa tant bien que mal une silhouette humaine, bras et jambes écartés. Mais elle arrêta une des jambes au-dessous du genou.

« Attends, maintenant ! »

Elle dessina le bas de la jambe sur un autre morceau de carton et le découpa avec soin. Puis elle mit ce découpage à sa place, sur le dessin : juste au-dessous du genou.

Le jeune Noir la regardait toujours sans un mot.

« Toi ! dit-elle en désignant le dessin, puis le blessé. Toi, une belle jambe comme celle-ci ! »

Cette fois il leva les yeux, dévisagea l'infirmière, puis montra sa poitrine du bout du doigt et prononça quelques syllabes qu'elle ne comprit pas. Elle inclina la tête à plusieurs reprises.

« Oui toi... bientôt. Et toi marcher comme ça ! » ajouta-t-elle. Elle fit avec deux doigts le geste de courir sur la couverture de fortune jetée sur le garçon.

Un large sourire éclatant illumina le visage du blessé. Il se mit à parler très vite avec ses voisins. Puis, brusquement, il saisit la main de Florence et la porta à ses lèvres.

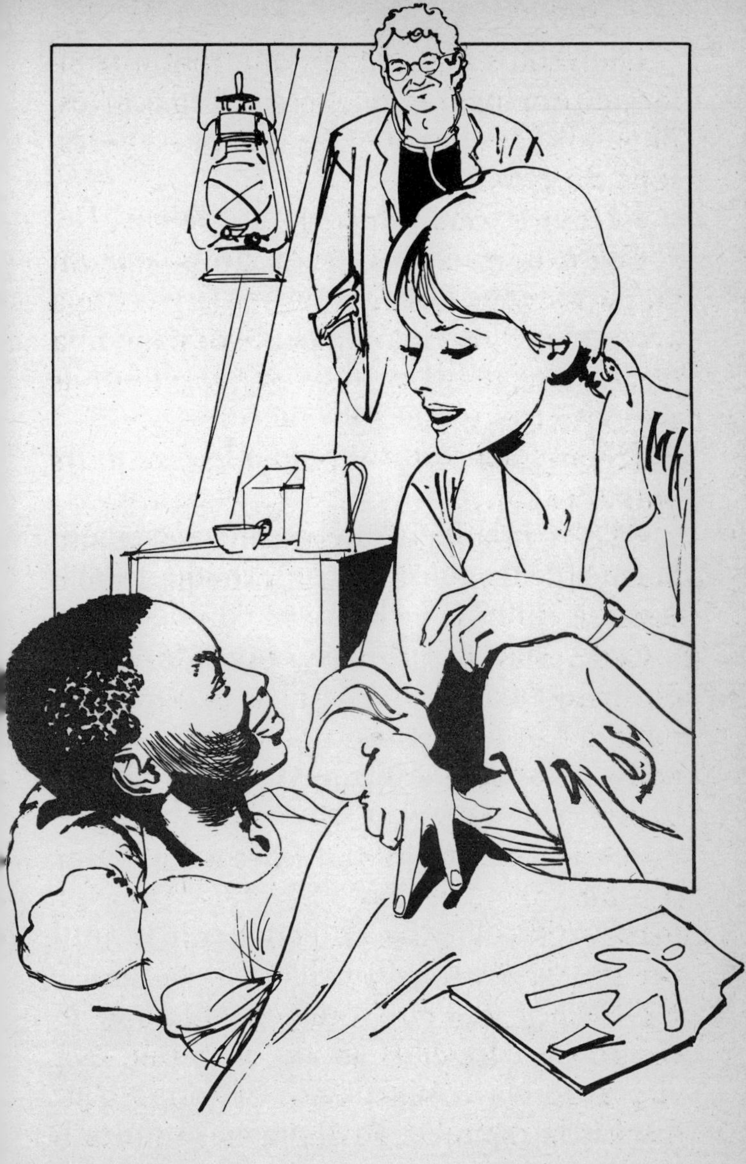

Jean-Marie suivait la scène, ému. Florence, qui ne l'avait pas vu auparavant, devina sa présence et se tourna vers lui, un peu gênée.

« Tu as trouvé le geste qu'il fallait. Désormais, ce garçon va reprendre courage et guérir plus vite », dit-il.

Derrière les verres épais de ses lunettes, un regard très doux se posait sur le patient et la jeune infirmière.

« Je voudrais tant les aider ! — et je ne peux pas !

— Tu vois bien que si, dit gravement le médecin. Sais-tu que lorsque Paris nous a annoncé l'arrivée d'une infirmière, plusieurs d'entre nous ont protesté : qu'avions-nous à faire d'une infirmière ? Un médecin nous aurait été tellement plus utile ! Mais je savais bien, moi, tout ce que pouvait nous apporter une infirmière à condition qu'elle soit comme toi, Flo... »

Elle tressaillit. Flo... n'était-ce pas ainsi qu'on l'appelait à Rouville ?

Mais elle ne voulait plus penser à Rouville — jamais, plus jamais !

Lorsqu'elle songeait à l'étrange caprice du destin qui l'avait amenée jusque-là, elle était toujours un peu étonnée. Jamais elle n'aurait envisagé pareille aventure, lorsqu'elle se plaisait à imaginer son avenir. Elle se voyait vivant avec Gilles, dans quelque petite ville de province, à Rouville, peut-être, ou, pourquoi pas, à Paris.

Au bout de quelques jours, il lui sembla qu'elle était arrivée depuis très longtemps. Elle avait, elle aussi, cessé de prêter attention au bruit des tirs de canon et des éclatements d'obus. « Ça vient de l'Est » ou « Ça vient de l'Ouest », remarquait simplement un des membres de l'équipe. Dans ce dernier cas, il fallait s'attendre à une arrivée de blessés.

La bonne humeur et l'entente de toute l'équipe la réconfortaient, lorsque la tristesse l'envahissait. Malgré les événements dramatiques quotidiens, chacun trouvait toujours le moyen de plaisanter : Etienne, surtout, pratiquait le calembour avec une étonnante maîtrise. Personne n'avait cherché à savoir pourquoi Florence avait décidé de rejoindre des médecins bénévoles. La discrétion était de rigueur : il était rare que l'un des membres du groupe évoque sa vie personnelle passée ou future. Seul comptait le présent.

Ce matin-là, Florence était occupée à

préparer une transfusion pour un garçon qui avait perdu beaucoup de sang. Presque un enfant encore. Alors qu'il venait de se battre comme un homme, le gamin avait peur de l'aiguille que la jeune infirmière s'apprêtait à enfoncer au pli de son coude. Elle s'efforçait de le tranquilliser par de petits tapotements amicaux et des sourires.

« Ça va, Flo ? demanda Gérard en passant.

— Ça va très bien, répondit-elle.

— Tu enveloppes ton ampoule ? Pourquoi ?

— Parce que j'ai remarqué que la vue de cette grosse ampoule pleine de sang leur faisait peur. Alors c'est simple : je la cache.

— Tu penses à tout, ma Flo ! » s'exclama le médecin.

Il était préoccupé. Depuis la veille, l'hélicoptère était en panne.

« Toujours pas de nouvelles de l'hélico ? demanda Florence.

— Rien d'encourageant. A Limaï, ils ne semblent pas disposer de la pièce à changer. Et si nous n'évacuons pas quelques blessés, que ferons-nous des nouveaux arrivants ? »

Vers le soir, en effet, on amena deux cas d'urgence. Pour l'un d'eux, il n'y avait plus rien à faire. Pour l'autre, Florence aida Antoinette à extraire l'éclat d'obus qui lui perforait l'abdomen.

D'autre part le bruit semblait indiquer que la bataille se rapprochait. Sans l'hélicoptère, que deviendrait-on s'il fallait évacuer tout le monde?

L'intervention se terminait quand un pan de la tente se souleva, laissant apparaître un étrange cortège. Un homme, courbé en deux, en portait un autre sur ses épaules : un troisième aidé d'un bâton suivait en sautillant sur une jambe. Tous trois étaient couverts de cette boue noire qu'on trouvait dans certains marécages, au cœur de la forêt.

« Enfin ! » gémit le porteur.

On sut ainsi qu'il était français. Gérard et Florence s'avancèrent au-devant de lui : il était temps, car il titubait sous le poids de son compagnon. A peine délivré de son fardeau, il se laissa tomber sur un tas de paille.

« Les autres d'abord, dit-il. Moi je n'ai rien...

— Victor ! » s'écria Gérard.

Chacun s'affaira autour des arrivants.

Victor ne portait aucune trace de blessure. Jean-Marie et Etienne installèrent l'homme qu'il avait transporté sur un lit de camp.

Autour de la tête, l'inconnu avait un épais bandeau qui lui couvrait la moitié du visage : on n'en apercevait guère qu'une courte barbe embroussaillée et couverte de boue.

Pendant ce temps, Florence et Alain s'occupaient du troisième : un jeune Noir avec une jambe brisée. Autour de la cuisse, la boue était maculée de sang. Dès que Florence eut commencé à l'éponger, la plaie se mit à saigner très fort.

« Un garrot! cria Alain. Aide-moi à le serrer, Flo. J'examinerai la blessure dès que tout cela sera un peu plus propre. »

Il ajouta :

« Cette boue lui a rendu un fameux service! Sans elle, il aurait perdu tout son sang et n'aurait jamais pu arriver jusqu'ici. »

Florence alla chercher un baquet d'eau tiède et commença à nettoyer la blessure. Il n'y avait pas une seule plaie, mais plusieurs. Le sang ne coulait plus, la peau apparaissait noire et lisse.

« Il y a un espoir? demanda-t-elle.

— J'espère que oui. Si on peut l'évacuer à temps, bien entendu. Surtout qu'il ne bouge pas, Flo. Tu le surveilles, hein ?

— D'accord. »

A l'autre bout de la tente, trois des jeunes médecins examinaient l'autre blessé, sans connaissance.

« Qui est-ce ? demanda Alain. Pas l'un des nôtres, évidemment. Alors, qui ? »

Victor, à qui un verre de rhum avait rendu un peu de ses forces, se souleva sur un coude.

« Je pense que c'est un des médecins du groupe B. Quand il sera débarbouillé, nous le reconnaîtrons sans doute.

— Mais que s'est-il passé ? Où l'as-tu trouvé ? Dans le marécage, évidemment. Mais que faisais-tu là-bas ?

— J'avais entendu appeler au secours — tu sais, ces cris singuliers que les indigènes poussent quand ils sont en danger. J'ai voulu aller voir ce que c'était : je me suis dirigé vers le bois et je suis arrivé au bord du marécage. Dans la boue un Noir se débattait : blessé.

— Et tu as essayé de le tirer de là, dit Antoinette.

— Je venais de le découvrir quand

il est arrivé, poursuivit-il en désignant l'inconnu. Il s'est jeté à plat ventre dans le marais, il a commencé par soulever la tête du blessé qui commençait à s'enfoncer dans la vase. Puis, tantôt en nageant, tantôt en rampant, il l'a ramené vers le bord.

— Mais, ensuite?

— Il venait d'atteindre la terre ferme quand j'ai entendu une détonation, assez proche, celle-là. Il a porté la main à son épaule et il a perdu connaissance. Un tireur isolé à l'orée du bois, sans doute.

— Il n'a tiré qu'une fois?

— Oui. Je l'ai entendu s'éloigner en courant dans les buissons. Alors j'ai

essayé de ramener les deux blessés. Avec une béquille improvisée. Le Noir, heureusement, a pu se traîner tant bien que mal. Pour l'autre, je ne pouvais rien faire que le transporter jusqu'ici. Il va falloir trouver cette balle, si elle est encore dans son corps.

— Et le bandeau sur les yeux, c'est toi qui l'as mis? demanda Antoinette. A cause de la boue, n'est-ce pas?

— Oui. Elle peut provoquer des irritations oculaires graves pour les Européens. Je l'ai enlevée avec l'eau du ruisseau, puis j'ai mis ce bandeau. Les yeux doivent rester deux ou trois jours dans l'obscurité complète. Tout rentrera dans l'ordre, ensuite.

— Bon! Il faut retrouver au plus vite cette balle. Commençons par le débarrasser de la boue. Aide-nous, Flo. On va commencer l'examen. Si tu appelais le centre B, Etienne? poursuivit Alain à l'adresse de son camarade. Ils te diront si quelqu'un de leur équipe a disparu.

— O.K. Dans un instant!»

Florence se dirigea vers le fond de la tente où reposait l'homme évanoui. En approchant, elle le regarda avec plus d'attention. Le bandeau et la barbe hirsute cachaient presque tout son visage. Cependant il lui sembla soudain que son cœur s'arrêtait de battre.

Celui qui se trouvait là, devant elle, inconscient, blessé — mortellement peut-être —, c'était Gilles Martin.

9

Un instant, Florence eut l'impression qu'elle allait s'évanouir. Puis elle se ressaisit très vite : une seule chose comptait, elle avait devant elle un blessé, qu'elle devait préparer pour l'examen. Elle prit son éponge d'une main qui ne tremblait pas, et commença à lui laver le visage.

A mesure que la boue noire disparaissait, Florence retrouvait les traits familiers : les joues — ô combien amaigries! —, la bouche... Cette barbe sombre, qui le transformait, depuis combien de temps l'avait-il? Prouvait-elle qu'il se trouvait déjà ici depuis plusieurs semaines? Ou avait-il commencé à la porter en Amérique?

«Mais c'est Martin!» s'exclama Jean-

Marie en regardant le jeune homme avec stupeur. Deux autres s'avancèrent à leur tour.

« Tu ne l'avais pas reconnu, Victor ?

— Je ne le connaissais pas : je ne suis jamais allé au centre B. Je sais que Martin est un des deux Français de l'équipe. »

Etienne, qui avait appelé le poste B, confirma l'identité du patient. Son visage se dégageait peu à peu : Florence, avec douceur, découvrait le cou, puis le haut de la poitrine. Elle prit des ciseaux pour fendre la veste de toile.

« Il ne saigne pas, c'est étrange », remarqua Gérard.

Enfin la plaie apparut. Un trou rond, à hauteur de l'omoplate.

« La balle est entrée par là, certainement, déclara Jean-Marie. Il faut voir par où elle est sortie.

— Si elle est sortie... dit Gérard. Tu sais qu'ils tirent souvent avec des armes vétustes. La balle a très bien pu rester dans le corps. »

Au bout d'un moment, ils durent se rendre à cette triste évidence. Etienne fronça les sourcils.

« C'est ennuyeux, remarqua-t-il. Etant

donné le point d'impact, la balle a filé dans la direction du poumon.

— Si elle l'avait touché, il y aurait d'autres symptômes, assura Jean-François.

— Mais elle a pu se loger à proximité. Dans ce cas, elle risque d'atteindre le poumon, s'il bouge.

— Ah, si nous avions l'hélico. On le transporterait immédiatement à Limaï; là-bas ils ont une bonne radio. »

Florence écoutait, penchée sur le corps immobile. Il lui semblait qu'il y avait deux personnes en elle : l'infirmière absorbée par son travail, indifférente en apparence, et la jeune fille qui aimait cet homme, inconscient, qui l'aimait toujours.

Tandis qu'elle exécutait les gestes nécessaires, avec une précision qui l'étonnait elle-même, elle revoyait le film des événements qui avaient abouti à ce dénouement pour le moins inattendu. Jamais jusque-là Florence n'avait soupçonné qu'elle pût garder un sang-froid aussi remarquable. Même si elle avait déjà été confrontée à des cas difficiles, émouvants même, et fort éprouvants, ils n'étaient rien face à celui qu'elle avait devant elle.

« Il revient à lui... » murmura Alain.

A ces mots Florence sentit une peur panique l'envahir : s'il reprenait ses sens, s'il la reconnaissait, que deviendrait-elle ? Il n'avait pas voulu la revoir, il avait préféré s'éloigner d'elle sans explications... S'ils se trouvaient soudain face à face, qu'adviendrait-il ? Trop orgueilleuse pour montrer sa peine, saurait-elle se comporter avec dignité ? Elle avait réussi à ne rien laisser paraître de l'immense trouble qui l'habitait, mais le plus difficile, ce serait d'agir de même face à Gilles conscient.

Heureusement, il y avait le bandeau. Tant que le blessé le porterait, il ne pourrait pas la reconnaître. Ce laps de temps lui laissait un peu de répit pour décider de ce qu'elle allait faire. Mais, au bout de quelques instants, Florence réalisa combien cet espoir était vain. Elle venait de penser qu'il la reconnaîtrait à coup sûr à la voix. Ne la trahirait-elle pas ? Comment pourrait-elle la modifier sans attirer l'attention de l'équipe ? Il faudrait feindre, prétexter un mal de gorge, parler à mi-voix... Veiller sans cesse.

Au bout d'un moment, le blessé fit un léger mouvement de tête, puis il porta la main à son visage et tenta d'arracher le bandeau. Etienne l'arrêta.

« Tu m'entends, Martin ?

— Oui, oui... Mais où suis-je ? Mes yeux... pourquoi mes yeux sont-ils bandés ? Est-ce que... Non, pas cela ! pas cela !

— N'aie pas peur, le rassura Gérard. Tes yeux n'ont rien, on t'enlèvera ce bandeau dans deux jours. Reste tranquille. Ecoute-moi : tu es au groupe A, avec les copains. Tu as reçu une balle dans l'épaule...

— Elle a fait beaucoup de dégâts ?

— On n'en sait rien. La balle est entrée ici, expliqua Gérard, en posant un doigt près de la petite plaie. Mais elle n'est pas ressortie : elle se trouve quelque part dans ta poitrine.

— Alors... le poumon ?

— Voilà le risque. Nous n'avons pas de radio pour situer la balle. Il faut attendre qu'on puisse te transporter à Miula dès que l'hélico sera réparé. Mais jusque-là, pas un geste, vu ?

— Bien entendu. Vous avez fait des antibiotiques ?

— Pas encore, mais nous nous apprêtions à le faire, répondit Gérard.

— Maintenant ne parle plus, respire très doucement. On ne te donnera rien à manger, seulement un peu à boire. D'accord ?» déclara Jean-Marie.

Gilles fit un signe de tête. Florence ne le quittait pas des yeux : elle retrouvait peu à peu tous les traits du visage tant aimé.

Si elle avait pu au moins lui dire quelques mots, l'apaiser, le tranquilliser — comme elle le faisait pour tous ses malades... Ou lui prendre doucement la main sans qu'il devine que c'était elle...

Mais une pensée, toujours la même, obsédante, lui interdisait un tel geste. Gilles n'avait pas cherché à la revoir. Il avait sans doute ses raisons. Elle devait les respecter, même si ce caprice du destin donnait à leur histoire quelque chose d'irréel.

Elle s'affaira à ranger les éponges et les seaux qui avaient servi à la toilette du blessé. Puis elle se rapprocha du jeune Noir que Gilles avait secouru... Le sourire avec lequel il l'accueillit était amical, plein d'espoir.

Elle resta près de l'entrée, donnant

à boire aux malades, vérifiant l'état de leurs pansements. Les jeunes médecins retournèrent au chevet des autres patients.

Le récepteur-radio grésilla. Gérard prit l'appareil. Si l'hélicoptère était réparé... pensa Florence. S'il pouvait venir le jour même! Hélas, il n'en était rien. Le centre B demandait des nouvelles de Gilles. Lorsque ce dernier demanda à boire, Florence trouva le courage de préparer le verre, de se diriger vers le lit. Gilles entendit le pas approcher et sourit. Malgré la barbe, c'était toujours le même sourire, si franc, si beau...

Sans rien dire, Florence l'aida à boire, puis il remercia d'un signe de tête et se tint immobile. Comme elle revenait vers l'entrée de la tente, Etienne déclara :

« Tu es bien silencieuse, aujourd'hui, Flo! Quelque chose qui ne va pas? »

Elle s'appuya au pilier de bois qui tenait le toit de cet édifice de fortune. Il lui semblait que tout tournait, un peu comme la première fois où elle avait assisté à une opération.

« Flo », avait dit Etienne. Pourvu que Gilles n'ait pas entendu. Un coup d'œil vers le fond... Il semblait s'être assoupi.

La malheureuse chercha désespérément une réponse, puis murmura, d'une voix qu'elle s'efforçait de rendre enrouée :

« Je ne sais pas ce qui m'arrive, Etienne, j'ai mal à la gorge. »

Il se retourna :

« Tu ne vas pas nous faire une de ces sales angines du pays! Montre-moi un peu : tu es verte, ma fille! Tu as pris ta température? »

Elle fit signe que non.

« Fais voir ta main... Je te parie que tu as un peu de fièvre. Tu es épuisée! Va te reposer, nous nous chargerons des derniers soins. Occupe-toi d'elle, Antoinette, il faut la soigner sans tarder. »

Florence se laissa conduire par Antoinette vers son lit : elle prit docilement le comprimé qu'elle lui donna et sombra dans un sommeil lourd.

Combien de temps dormit-elle? Quelques longues heures, sans doute, qui effacèrent un peu de sa fatigue. Quand elle s'éveilla, il faisait encore nuit. Elle entendit au-dehors un bruit qu'elle n'identifia pas tout de suite. Elle se souleva sur un coude et constata qu'Antoinette n'était pas dans son lit. Que s'était-il passé, durant son sommeil?

Le bruit insolite cessa, pour reprendre bientôt.

« L'hélicoptère! »

Ainsi, il était réparé. Il était venu chercher les blessés pour les transporter à Limaï.

Elle pensa aussitôt à Gilles. Désormais, il ne risquerait plus de la reconnaître. Il partait sans doute pour un hôpital où il serait bien soigné, où on pourrait extraire cette balle qui menaçait son poumon. Oui, tout était pour le mieux. Et pourtant...

En entrant sous la grande tente, elle sentit brusquement son cœur se serrer. Plusieurs paillasses étaient vides. Mais la seule chose qu'elle voyait, c'était ce lit tout au fond, où il n'y avait plus personne.

Quand, désormais, reverrait-elle Gilles Martin ? Jamais, sans doute. Leurs routes s'étaient à nouveau séparées, il l'avait oubliée. Pourquoi ? Quelle raison secrète avait pu l'amener à ne pas chercher à la revoir, à Paris, à ne pas lui téléphoner ou lui écrire ? Cette troublante question, Florence se la répétait sans cesse, sans jamais y apporter une réponse. Peut-être

ignorerait-elle toujours le motif d'une pareille attitude. Une certitude : il avait voulu mettre entre eux deux des milliers de kilomètres. Comme elle, il avait dû avoir connaissance de la demande importante de personnel médical pour les Etats africains et avait signé un engagement... Une fois de plus ce choix montrait toutes les affinités qui les rapprochaient.

« Bonjour, Flo, lança Etienne en l'apercevant. Tu viens t'asseoir avec nous ? Tu veux un peu de café ? Tu te sens mieux ?

— Oui, bien sûr, parvint-elle à articuler, se souvenant à temps du prétexte qu'elle avait donné la veille.

— Tu as meilleure mine, assura Jean-Marie.

— Dans ce diable de pays, il y a des maladies si bizarres qu'on ne sait jamais ce qu'on peut attraper, poursuivit Etienne en servant du café à sa camarade.

— L'hélico est réparé ?

— Oui. Ce n'est pas trop tôt, déclara Jean-Marie. Je me demande comment nous aurions tenu plus longtemps. On a évacué Martin et quelques blessés qui nous donnaient de sérieuses inquiétudes.

— Espérons que Marc parviendra à ne

pas trop secouer Martin. Avec ce coucou, on n'est jamais sûr de rien, lança Etienne. Si tout va bien, l'hélico va revenir dans la matinée chercher nos derniers blessés. On pourra respirer un peu...

— A moins qu'il n'en arrive beaucoup d'autres, ajouta son compagnon. Mais, c'est curieux, il me semble qu'on entend moins de détonations qu'hier.»

Florence mit ce répit à profit pour ranger. Il fallait nettoyer, jeter la paille salie et la remplacer par de la fraîche. Ali rassembla les morceaux de toile qui servaient de draps et alluma du feu pour une lessive.

De temps en temps, ils échangeaient un sourire. Ali, en côtoyant l'équipe, avait appris quelques rudiments de français : assez pour servir d'interprète, ce qui rendait de précieux services.

Une détonation leur fit lever la tête en même temps.

«On dirait que cela recommence, remarqua Florence. Et même que c'est plus proche.

— Oui, dit Ali. Tout à l'heure, blessés beaucoup. Et beaucoup tués aussi. Mauvais, très mauvais, la guerre», ajouta-t-il en hochant la tête.

Le silence retomba. A leurs côtés, les médecins nettoyaient leurs instruments et les désinfectaient à l'aide de la petite étuve qui permettait d'assurer un minimum d'asepsie. Antoinette, rangeant les médicaments, constata que les précieux antibiotiques risquaient de manquer bientôt.

« L'hélico va sans doute en rapporter, dit Florence.

— Encore faudrait-il qu'ils en aient, à Limaï ! » ajouta Victor.

Tout à coup un ronronnement lointain se fit entendre :

« L'hélicoptère ! »

C'était bien lui. A peine se fut-il posé dans l'espace découvert, devant le poste, que les médecins commencèrent à transporter les derniers blessés. Marc entra sous la tente. Florence lui offrit du café.

« Ma foi, lança-t-il, ce n'est pas une mauvaise idée ! Après ces quelques jours d'arrêt, j'ai une rude journée en perspective ! Heureusement que ce bon vieux machin a bien voulu reprendre du service.

— Le trajet à Limaï, avec le premier convoi, s'est passé sans problème ?

demanda Florence, en s'efforçant de paraître naturelle.

— Comme sur des roulettes, ma chère! ironisa le pilote. Un vrai carrosse. Quand il marche, bien entendu. Enfin, quand il accepte de voler, quoi.

— Les blessés n'ont pas trop souffert du transport? insista-t-elle.

— Je ne pense pas. Il y en avait un surtout qui m'inquiétait : notre copain Martin. Avec cette balle qui se promène dans sa poitrine...

— Vous n'avez pas revu les médecins de l'hôpital après son examen?»

Le pilote secoua la tête.

«Je n'ai pas eu le temps. Mais j'aurais bien voulu savoir quelque chose. Vous le connaissez, Martin?»

Le regard clair de Marc plongea dans les yeux de Florence.

«Non, parvint-elle à mentir, dans un suprême effort.

— Faut dire qu'il n'y a pas beaucoup de contacts entre les deux centres. Et puis, vous n'êtes pas là depuis très longtemps. Lui non plus, d'ailleurs. Un chic type, vous savez, ce Martin. Des hommes comme lui, on n'en rencontre pas tous les jours. Il paraît qu'il est très brillant. Il rentre d'un stage en Amérique où il a été très apprécié. Venir aussitôt ici, dans cette brousse, c'est beau, vous ne trouvez pas?

— Oui, c'est très beau.»

Le pilote frappa de la main la sacoche qu'il portait en bandoulière.

«J'oubliais : j'apporte quelque chose de précieux, aujourd'hui. Vous ne devinez pas ce que c'est? Du courrier! C'est formidable, hein? Il y a peut-être quelque chose pour vous, Flo.

— Cela m'étonnerait!»

Florence n'avait donné son adresse à personne, sauf à Mme Benoît, la surveillante de Rouville, en lui faisant promettre de ne la communiquer à personne. Même pas à Clotilde, à qui elle avait assuré qu'elle lui donnerait elle-même de ses nouvelles à son retour en France. Elle voulait rompre avec le passé, n'être plus qu'une infirmière sans histoire, bientôt oubliée de ses anciens amis.

Marc tira les lettres de sa sacoche.

«Ce n'est pas pour vous, ça? Qu'est-ce que je vous disais?»

Florence prit l'enveloppe qu'il lui tendait — une enveloppe banale, jaune comme celles qui renferment des papiers administratifs. Le nom était bien le sien, tracé d'une grosse écriture maladroite : S.M.P.D.... Paris... Le centre parisien du S.M.P.D. avait fait suivre la missive, complétant l'adresse. Le timbre de départ indiquait « Rouville ». Qui pouvait donc lui écrire ?

Elle tournait et retournait la lettre entre ses doigts, quand on appela le pilote, qui courut vers l'hélicoptère. Elle le suivit machinalement, aida à installer aussi bien que possible les derniers blessés dans l'appareil. Lorsque celui-ci s'éleva, tout le groupe rentra sous la tente. L'arrivée des lettres avait mis l'équipe en gaieté.

« Tu en as une aussi, Flo ? C'est chouette, hein ?

— Oui, très chouette. »

Cependant elle ne se décidait pas à décacheter l'enveloppe. Elle pensait à ces enveloppes qu'elle déchirait autrefois avec tant de joie. Que lui importait désormais ce qu'on pouvait lui écrire ?

10

« Eh bien, Flo, tu rêves ? » C'était Alain, le petit barbu, qui la regardait en riant. Il avait reçu deux lettres, il les agitait joyeusement comme un signe de triomphe.

Florence, elle, ne s'était pas encore décidée à ouvrir la sienne. Elle la retournait en tous sens. Seule Mme Benoît connaissait son adresse. Et le papier jaune, cette écriture malhabile, ne pouvaient provenir de la surveillante de Rouville !

Voyant qu'on la remarquait, elle se décida enfin. L'enveloppe contenait une feuille de papier quadrillé comme celles dont se servent les petits enfants. Une main maladroite y avait tracé des lignes suivant très exactement les traits horizontaux. Quant à l'écriture, elle était aussi gauche qu'appliquée. Visiblement, ce mystérieux correspondant n'écrivait pas souvent. Si elle n'avait pas été aussi troublée par cette missive inattendue, Florence aurait sans doute été touchée par la calligraphie, tant elle rappelait celle d'un enfant...

Florence s'approcha d'une des lampes tempête qui brûlaient toujours et déchiffra :

« Mlle Flo,

« Vous inquiétez pas. Ce qui est arrivé, c'est la faute à Robert. J'ai tout entendu. Il est mauvais comme pas possible. »

Suivait une signature illisible. Florence s'approcha de la lampe pour mieux voir.

« Attention, Flo, tu vas te brûler les cheveux ! » cria gaiement Jean-Marie.

Elle ne répondit pas, trop absorbée par son déchiffrage. La signature commençait par un V.

V... qui cela pouvait-il bien être ? Un ancien malade de Rouville, ou bien quelqu'un du personnel... V... non, elle ne voyait pas. Et comment s'était-on procuré son adresse ?

Que signifiait ce message confus ?

Pourquoi son auteur avait-il écrit qu'elle ne devait pas s'inquiéter ? Et, surtout, pourquoi faisait-il allusion à Robert ? Comme tout cela était mystérieux !

Elle fut interrompue dans ses réflexions par une série d'explosions. La bataille semblait se rapprocher. Un instant plus tard, on entendit du bruit dans le feuillage. Ali se précipita au-dehors et revint, précédant deux hommes qui portaient une civière improvisée. Ses yeux, écarquillés par la peur, paraissaient immenses.

« Les méchants, ils sont là, tout près ! »

Les méchants, pour lui, c'étaient les ennemis, ceux contre lesquels se battait sa tribu. Il ne comprenait même pas pourquoi on prenait la peine de les soigner : ces médecins étrangers avaient vraiment de drôles d'idées...

Jean-Marie bondit vers les suivants. Au même moment, deux autres blessés se traînèrent jusqu'à la tente.

« Au travail, vite ! » dit Gérard en fourrant dans sa poche la lettre qu'il venait de recevoir.

Il fallait arrêter les hémorragies, préparer les antibiotiques. Cependant les détonations augmentaient. Les blessés expliquaient à Ali que l'ennemi avançait, qu'il fallait partir, sinon on serait pris.

Gérard appela le groupe B. En vain.

« Essaie Limaï, proposa Etienne. A l'hôpital. Demande Marc. »

Il eut du mal à obtenir la petite ville. La communication ne fut enfin établie qu'après des appels répétés.

« S.M.P.D., poste A, annonça-t-il. Je voudrais parler à Marc, le pilote de l'hélico, s'il vous plaît.

— Quoi ? Vous êtes encore là-bas ? s'étonna le correspondant. Tiens, voilà justement Marc. Je vous le passe...

— Salut, Marc. Ici, Gérard.

— Où êtes-vous ? Vous n'avez pas quitté le poste ?

— Non, bien entendu. Mais qu'est-ce qui se passe ?

— On ne vous a pas prévenus ? J'avais pourtant recommandé de le faire ! Bon sang, il faut partir. Evacuer le camp au plus vite.

— Partir ? Mais ce n'est pas possible, lança Gérard. Je ne peux pas laisser tous mes blessés ici. Viens nous aider avec l'hélico.

— J'ai encore pas mal de boulot dans un autre secteur. Mais si je peux, bien sûr que je viendrai vous donner un coup de main. Je ne te promets rien, Gérard. A mon avis, vous devriez commencer à partir...

— Eh bien... murmura Gérard en secouant la tête. Quelle affaire! On sait comment sont ceux du Nord. Ils massacreront tous les étrangers à leur tribu. Pas question d'abandonner ces pauvres diables. Je ne me doutais pas que l'ennemi était aussi proche. Et où en est le poste B?

— Ils étaient les premiers exposés : je les ai évacués dès l'aube. Ils ont essayé de vous joindre mais n'ont pu établir la liaison avec vous...

— Tu les as emmenés à Limaï?

— A Limaï? Mais tu es fou! Limaï est sens dessus dessous! Nous vidons l'hôpital, la population fuit sur les routes! Nous descendons vers le Sud, où j'espère au moins que nous serons à l'abri.

— Vers le Sud!» répéta Gérard. Il ne connaissait pas assez le pays pour que ces mots aient une signification précise pour lui. Il allait interroger le pilote, mais la communication s'interrompit brusquement.

Le médecin ne chercha pas à rappeler

son correspondant. Il en savait assez. Et il devinait que Marc avait assez de travail pour ne pas le déranger à nouveau.

En quelques mots, il mit l'équipe au courant de la situation. Il n'eut pas besoin de donner beaucoup de détails car, tout en s'occupant des blessés, chacun avait suivi la conversation. Tous restèrent un moment silencieux.

« A votre avis, demanda enfin Jean-Marie, que faut-il faire ? Attendre l'hélico ?

— Il n'est même pas sûr de pouvoir venir, remarqua Gérard d'un air sombre. Et si l'ennemi avance aussi vite qu'il le dit, de toute façon, il sera sans doute trop tard. »

Florence, muette jusque-là, intervint. Sa voix était très calme.

« Il n'y a pas le choix, déclara-t-elle. Il faut partir le plus tôt possible, à pied, en portant ceux des blessés qui ne peuvent pas marcher. »

Gérard inclina la tête.

« J'y ai pensé. Mais il y en a au moins trois dans ce cas. Et nous ne sommes que...

— Nous, nous sommes sept, coupa Florence. Vous cinq, Antoinette et moi.

— Nous ne pouvons pas nous mettre en route sur ce terrain rocailleux, sans savoir même où nous allons. Et tu as pensé à cette végétation dense? Comment la traverser?

— Mais nous pouvons en tout cas marcher vers le Sud, puisque, d'après le pilote, la sécurité est de ce côté-là.

— Et vous deux, Antoinette et toi...

— Florence et moi sommes très capables de faire la même chose que vous, l'interrompit Antoinette. A mon avis, il faut partir le plus tôt possible, pour avoir parcouru un bon bout de chemin avant la nuit. Quant à la direction, Ali pourra sans doute nous l'indiquer.»

Dans un premier temps, il s'agissait de rassembler les médicaments les plus indispensables et un minimum de nourriture car la route serait pénible. Quelques vêtements aussi, pour le cas où l'on ne trouverait aucun refuge pour la nuit. Habitués à faire face à des situations d'urgence, les médecins procédèrent avec méthode, s'efforçant de calmer les blessés que tout ce remue-ménage inquiétait. Florence les aidait avec efficacité.

Gérard décida qu'Ali porterait les sacs

qui renfermaient médicaments et provisions. Le reste du convoi s'organisa sans difficulté : les trois brancards furent partagés entre les six porteurs, les plus lourds confiés aux plus vigoureux. Antoinette et Florence se relaieraient.

On réussit à faire comprendre à Ali que le principal de la tâche consistait à montrer le chemin. Les mots Nord et Sud semblaient n'avoir guère de signification pour lui ; en revanche, il devina sans mal qu'il devait chercher à s'éloigner de l'ennemi et s'engagea sans hésiter dans la voie qui semblait la bonne.

Quand ils levèrent le camp, des coups de feu crépitaient, derrière la colline. Il était temps. Pourtant, avant de partir, Florence lança un regard ému vers « l'hôpital ». Ses compagnons devaient avoir la même pensée : ils avaient travaillé dur, en cet endroit, mais ils y laissaient aussi un peu d'eux-mêmes.

Des rochers, des herbes sèches, des buissons épineux, de temps à autre un creux marécageux qu'il fallait contourner sous peine de s'enliser... et la nuit qui risquait de tomber d'un coup, comme toujours, dans cette région.

Florence n'avait qu'un souhait : résister jusqu'à la première étape. Malgré sa minceur, elle était robuste, mais les autres, elle le savait, l'étaient plus qu'elle. Antoinette, grande et sportive, avait l'expérience de longues randonnées. Florence, en fait d'efforts, connaissait surtout la fatigue des nuits de garde et des interventions chirurgicales prolongées. Si elle faiblissait la première, quelle honte!...

Elle en oubliait presque la lettre reçue quelques heures plus tôt. Parfois elle sentait dans sa poche le froissement de l'enveloppe jaune. Elle se demandait un instant : « Mais qui a bien pu? » Puis l'approche d'un obstacle, une pierre qui roulait, le gémissement d'un des blessés ramenaient son esprit vers l'instant présent.

« Eh bien, les filles, on tient encore debout? Nous arrivons! » lança Alain.

Florence sourit sans répondre. Ni elle ni Antoinette n'auraient eu la force de dire un mot. Le voyage à travers la brousse avait été éprouvant. Ali, heureusement, avait su les conduire jusqu'à la petite ville de Dela, hors d'atteinte de l'ennemi. Tremblant de peur à la pensée d'être pris, il activait sans cesse la marche de la colonne. Mais il avait fallu s'arrêter plusieurs fois pour desserrer des garrots, consolider des pansements que les heurts de la piste déplaçaient malgré toutes les précautions.

A Dela, une déception attendait les réfugiés. Il y avait bien là un semblant d'hôpital, fait de toiles et de branchages, tout aussi sommaire que le poste A. Mais il était plein à craquer. Le médecin indigène qui le dirigeait, avec l'aide de deux infirmières, ne pouvait suffire aux soins de ses malades. Voyant ce nouveau contingent, il leva les bras de désespoir.

«Je ne peux pas, répétait-il, je ne peux pas...»

Gérard présenta ses camarades et lui-même. Apprenant qu'il s'agissait de six médecins et d'une infirmière, leur hôte parut rassuré. Quelques instants plus tard, ils s'occupèrent non seulement de leurs propres blessés qui, somme toute, avaient bien supporté le voyage, mais aidèrent aussi le médecin pour les interventions urgentes de ses patients.

On put enfin songer à prendre un peu de repos. On installa les deux jeunes filles sur un tas de paille à peu près propre, les médecins s'étendant tant bien que mal au revers d'un talus. Florence sombra aussitôt dans un sommeil réparateur.

Le lendemain matin, elle fut réveillée par un bruit de voix et... une délicieuse odeur de café. Soudain, le souvenir de la mystérieuse missive lui revint à l'esprit. Elle sentit dans sa poche la lettre qui l'avait tant intriguée mais n'eut pas le loisir de la relire. Antoinette l'invitait déjà à rejoindre le groupe des médecins français en train de déjeuner. Le pain grossier du pays paraissait succulent, après la journée harassante de la veille.

« Que faisons-nous, aujourd'hui ? demanda Florence, après avoir bu une gorgée de café.

— L'hélico va venir chercher les blessés que nous avons amenés jusqu'ici hier, assura Gérard.

— Le médecin noir a l'air de dire que les combats semblent s'être arrêtés cette nuit, annonça Jean-Marie.

— Un jour de repos ne nous fera pas de mal, n'est-ce pas, Flo ? » jeta Etienne en tendant une tartine de confiture à sa compagne.

Son repas terminé, Florence alla

s'asseoir devant l'hôpital et tira la lettre de sa poche. Cette fois, elle était bien décidée à utiliser ce répit pour découvrir qui pouvait être ce mystérieux correspondant. En dépliant la feuille de papier, ses pensées allèrent vers Gilles à qui elle n'avait songé depuis leur départ précipité du poste. Où pouvait-il se trouver ? Avec un soupir, Florence relut le texte de la lettre, puis considéra la signature avec soin. Un « V »... Non, elle ne voyait pas qui cela pouvait bien être...

Cependant, en regardant bien, cette signature pouvait se composer de deux mots. En ce cas, V aurait été un prénom : le nom commençait plus loin, peut-être à ce « C » dont la hauteur dépassait un peu les autres lettres ?

Cette fois, un nom jaillit des lèvres de Florence. Camus ! A l'écriture, il s'agissait de lui, même si cette hypothèse semblait gratuite. Camus le clochard avait en quelque sorte retrouvé sa trace, contre toute attente, si loin de Rouville !

Jamais elle n'avait vu l'écriture du clochard : elle ne s'était même jamais demandé s'il savait écrire. Mais, à présent, tout devenait plus clair : les lettres « u-s » qui terminaient le mot en apportaient la preuve. Et les lettres du début signifiaient probablement « votre ».

« Votre Camus », oui, c'était cela. Comment avait-il pu se procurer son adresse ? Mme Benoît ? Cela paraissait invraisemblable. Camus, avec la manie de fureter, d'arriver à tout savoir, avait trouvé le moyen ! Le bureau de la surveillante n'était pas toujours fermé à clef...

Le texte de la lettre restait mystérieux. Certes, il accusait Robert. Camus détestait l'interne, Florence le savait. Mais il ne lui aurait tout de même pas écrit spécialement pour lui rappeler ses sentiments envers Robert !

A quoi le vieux bonhomme pouvait-il faire allusion ? Tout à coup, Florence eut une idée. Et si... « Vous inquiétez pas... » Ces mots, elle les lut et les relut, tandis qu'un immense espoir renaissait en elle. Si ce qu'elle venait de vivre n'était qu'un mauvais rêve ? Si Gilles...

Lorsqu'elle se décida enfin à replier la lettre, elle n'avait plus qu'une pensée : retrouver Gilles le plus vite possible.

11

« Bonjour, Marc, lança Florence, quelques heures plus tard, en allant au-devant du pilote. Vous venez de Limaï ?

— Limaï ? Ma pauvre Flo, on a évacué tout Limaï sur Renta.

— Alors, tous les blessés sont là-bas, maintenant ? »

Il haussa les épaules.

« Ça, je n'en sais rien. Pas tous, en tout cas. A Renta il y a des avions : on a sûrement emmené des blessés encore plus loin. »

Elle gémit :

« Vous avez des nouvelles du docteur Martin ?

— Oui... Ça n'a pas été simple ! Le médecin de Limaï pensait qu'on l'opérerait à Renta, mais là-bas, le médecin n'a pas voulu tenter l'opération... Il a préféré l'envoyer ailleurs. »

Les autres membres du groupe arrivaient à leur tour et entouraient le pilote.

« Tu viens chercher des malades ? interrogea Gérard.

— Ici ? Oh non : ici ils sont en sécurité. C'est vous que je viens chercher. On peut avoir besoin de vous ailleurs.

— Et tu nous emmènes où ? A Renta ?

— Oui. Une fois là-bas on vous dirigera. Les combats semblent avoir évolué vers l'est.

— Tu peux nous prendre tous ?

— Je tâcherai. Mais je pense bien que ce sera le dernier voyage de l'hélico.

— Hélas ! » dit Gérard résigné.

Ils montèrent dans l'hélicoptère et restèrent silencieux durant tout le voyage. Ils survolaient tantôt des bois, tantôt des marais. De temps à autre, un éclair isolé dans le lointain indiquait que les affrontements avaient perdu de leur intensité.

Florence ne pensait qu'à Gilles. Depuis que la lettre de Camus avait fait naître un espoir, il lui semblait que le monde autour d'elle était transformé. Espoir vague, espoir fou peut-être... Mais espoir.

En débarquant à Renta, on indiqua aux médecins français le lieu où ils devaient attendre. Le groupe B, arrivé dans la nuit, était là aussi, ignorant sa future destination.

« Et Martin ? demanda l'un d'eux. Savez-vous si on l'a opéré ? »

Personne n'était au courant. Florence annonça alors qu'elle allait se rendre à l'hôpital.

« Il vaut mieux ne pas t'éloigner, dit Gérard. On peut nous appeler d'une minute à l'autre. Tu devrais te reposer un peu avec nous... Savoir ce qui nous attend...

— Je ne m'attarderai pas », promit-elle.

Gérard la regarda d'un air étonné mais ne chercha pas à savoir ce qui motivait cette visite.

Elle n'eut aucun mal à découvrir l'hôpital. Un panneau qui portait une croix rouge en indiquait la direction, tout près du terrain où l'hélicoptère avait atterri. Il s'agissait d'un bâtiment assez petit et vétuste.

Un Noir, qui montait la garde devant

la porte, arrêta Florence au passage. Il ne comprenait pas un mot de français, mais quand elle demanda « le docteur », il sourit et montra l'homme en blouse blanche qui traversait la cour.

« Doctor », répéta-t-il.

Florence s'avança vers le médecin. Ce dernier, heureusement, parlait français. Elle lui demanda si le docteur Martin, médecin français blessé dans la zone des combats, se trouvait à l'hôpital. Il y avait en effet séjourné. Mais, étant donné la gravité de son cas, on l'avait transporté à Dakar par avion. Là-bas, on disposait d'un matériel nettement supérieur pour le soigner.

Florence sentit les larmes l'étouffer.

Elle repartit, la mort dans l'âme. Comment rejoindre Gilles maintenant ? Elle n'avait pas le droit de quitter son poste. Ecrire ? Mais écrire quoi ? Ce qu'elle voulait, c'était le voir, l'interroger, comprendre...

A sa grande surprise, quand elle retrouva le groupe de Français, elle fut accueillie par des exclamations et de grands gestes.

« Flo ! lui cria Etienne, tu sais la nouvelle, je pense ?

— La nouvelle? répéta-t-elle surprise.

— Il y a un armistice. Plus de combats — pour le moment du moins : tout va se régler autour d'une table...

— Et nous?

— Nous repartons pour Paris. Ça n'a pas l'air de te faire plaisir?»

Elle ne répondit pas. Paris... Rentrer sans avoir revu Gilles... Elle avait l'impression que les événements se bousculaient, que tout allait beaucoup trop vite, depuis quelques heures.

Elle prit Gérard à part.

«Suis-je obligée de rentrer à Paris avec vous?»

Il réfléchit un instant.

«Non, puisque notre mission est terminée. Mais tu n'as pas l'intention de rester ici?

— Je dois aller à Dakar.»

Il la regarda avec surprise.

«Je sais qu'il y a de temps à autre des avions sur Dakar. Mais as-tu de quoi payer ton billet?

— C'est ce que je veux te dire. Je n'ai presque pas d'argent. Si tu pouvais... m'aider... Je te rembourserai dès que possible. Tu peux me faire confiance. D'ailleurs j'ai ma chaîne et ma médaille qui ne me quittent jamais, j'ai aussi ma montre, elle a de la valeur. Pourrais-tu m'aider à les vendre ?

— C'est si important, Flo ? »

Elle fit signe que oui. Gérard ne posa pas de questions.

« Alors, écoute, dit-il. Je n'ai pas beaucoup d'argent. Mais je peux m'en procurer au nom de S.M.P.D.

— Tu es un type bien, Gérard. Je n'oublierai pas. »

Lorsque Florence gravit les marches de l'hôpital central de Dakar, elle avait du mal à dominer sa nervosité. Elle s'en voulut d'être aussi émotive, elle, une infirmière.

L'hôpital était vaste — beaucoup plus vaste que Rouville. Florence, émue, traversait le grand couloir pour se rendre dans le bureau du médecin-chef.

Celui-ci, un Sénégalais de haute taille, au visage souriant, la mit aussitôt en confiance. Elle s'était fait annoncer comme infirmière, membre de l'équipe des S.M.P.D.

« Vous désirez, mademoiselle ? » demanda-t-il.

Elle s'efforça de raffermir sa voix :

« J'aimerais avoir des nouvelles du docteur Martin. Il a été admis chez vous ces jours derniers. C'est un médecin français, appartenant au S.M.P.D. Il était gravement blessé... à la poitrine... »

Le médecin inclina la tête.

« En effet... Mais, dites-moi, ne vous appelez-vous pas Florence ? »

Etonnée, elle fit signe que oui.

« C'est que, dit-il, le jour de son arrivée, le pauvre garçon était en bien mauvais état et il ne cessait d'appeler "Florence"...

— En mauvais état... Voulez-vous dire que... » parvint-elle à articuler.

Il sourit.

« Non, non, n'ayez pas peur, il va bien.

L'intervention était délicate, mais nous avons ici une équipe chirurgicale de choix... On a pu ôter la balle sans toucher aucun organe vital. »

Cette fois, Florence éclata en sanglots.

« Pardonnez-moi, monsieur, mais j'ai eu si peur... Je suis tellement heureuse... »

Le médecin semblait avoir tout deviné. Il se leva et lui tapota gentiment l'épaule.

« Allez, allez, je comprends, mon petit, vous voulez le voir, bien sûr ?

— Est-ce qu'on peut ?...

— Oui, à condition de ne pas rester longtemps. Il est encore faible. Mais le bonheur ne fait jamais de mal. Je vais vous conduire à sa chambre », dit le médecin. Lorsqu'il la quitta, elle sentit son cœur battre à tout rompre.

Sur le seuil, elle hésita un instant, regarda Gilles. Il avait les yeux fermés et il paraissait si maigre, si las. On lui avait coupé la barbe, et le bas du visage semblait d'une blancheur de cire, sous les joues hâlées.

Tout à coup, il ouvrit les yeux et tourna le regard vers elle. Elle retint un cri. Ce fut lui qui le poussa :

« Florence ! »

Elle s'approcha du lit, tremblante. Il lui saisit ses mains, ses grands yeux bleus plongèrent dans les siens.

« Florence ! » répétait-il. La voix était faible, mais tout le visage semblait s'épanouir d'un coup.

« Gilles », murmura-t-elle en posant la tête sur la main tendue.

Il semblait sur le point de défaillir : instinctivement, Florence sonna. Une jeune infirmière noire parut.

« Il faut sortir, mademoiselle. Je vais lui faire une piqûre. Attendez dehors, si vous voulez. »

Elle obéit et resta debout dans le couloir, appuyée à la porte. La jeune Noire reparut.

« Il ne va pas plus mal ? demanda Florence tremblante.

— Non, non, ne vous inquiétez pas. Il va dormir. Vous savez, nous sommes encore bien près de l'intervention. Demain, vous pourrez rester plus longtemps. »

Florence ne savait même pas où elle passerait la nuit. Le peu d'argent qui lui restait du prêt de Gérard, une fois le voyage payé, ne lui permettait pas même un hôtel modeste. Elle eut l'idée d'interroger l'infirmière, en lui disant qu'elle était elle-même infirmière et se trouvait dans l'embarras.

«Aucun problème! s'exclama celle-ci. J'habite avec une camarade, il y a de la place pour trois.»

Le lendemain, Gilles fit un peu de fièvre. Florence resta un long moment près de lui, la main dans la sienne. Quand il voulut parler, elle l'arrêta.

«Plus tard, dit-elle. Nous sommes ensemble, ne demandons rien de plus.»

Peu à peu, Gilles retrouva des forces. Quand il put parler sans fatigue, la première question fut pour demander avec malice à Florence pourquoi elle était déguisée en coureur de brousse.

Elle jeta un coup d'œil à son pantalon de toile épaisse et à ses grosses bottes.

«Je ne suis pas déguisée! lança-t-elle. J'appartiens au S.M.P.D., comme toi.

— Mais, pourquoi? Tu n'as donc pas... Au S.M.P.D.? Ça alors!

— Je ne pouvais plus rester à Rouville, quand j'ai compris que tu ne reviendrais pas.

— Pourquoi serais-je revenu? Puisque j'ai appris que tu étais partie. J'ai préféré m'engager pour cette mission sanitaire.

— Mais à ton retour d'Amérique j'y étais encore. Je t'attendais désespérément. Tu étais rentré en France, tu ne me donnais pas signe de vie, tu ne voulais plus me revoir...

— Tu étais à Rouville! s'exclama-t-il. Mais alors Robert m'a menti!»

Robert... Camus ne parlait-il pas de lui, dans son étrange lettre? Quel rôle l'interne avait-il joué?

Gilles ne lui laissa pas le loisir de réfléchir.

«J'ai été si déçu, reprit-il, en ne te voyant pas à Roissy.

— Il y a eu une urgence.

— C'est ce que j'ai pensé d'abord. J'ai appelé Rouville dès le lendemain matin : c'est Robert qui m'a répondu. Il m'a dit que tu avais quitté l'hôpital. Il semblait étonné que je n'en sache rien...

— Que j'avais quitté Rouville? répéta Florence d'une voix saisie d'étonnement. Il t'a dit ça?

— Oui... Une semaine auparavant, environ... Un de tes malades, une fois guéri, t'avait littéralement enlevée. Oh, c'était un beau parti. Un homme de grande valeur, très riche...

— Et tu l'as cru!

— Si souvent, là-bas, je m'étais dit que je n'étais pas digne d'une personne comme toi. Qu'en somme, c'était à toi que je devais ma carrière[1]. Que tu méritais un homme meilleur, un vrai soutien. Si tu l'avais trouvé, je devais être heureux pour toi.

— Moi j'ai pensé que tu t'étais attaché à une autre, peut-être médecin comme toi, celle-là. Et fille d'un patron...

— Oh, Florence! Tu as vraiment trop d'imagination! Comment aurais-je pu faire une chose pareille?

1. Voir *La Salle des Urgences.*

— Et moi, alors?

— Ainsi, sans la lettre du brave Camus, nous aurions pu ne jamais nous retrouver! Comment Robert a-t-il pu?

— Cela, je crois le savoir, dit Florence. J'avais été la cause — involontaire, d'ailleurs — d'une réprimande sévère de la part du patron, en présence de plusieurs visiteurs. Tu connais la vanité de Robert : il ne me l'a pas pardonné. Une occasion de se venger s'est offerte, il l'a saisie.

— Et en voyant jusqu'où te conduisait sa vengeance, il n'a pas cherché à réparer?

— Il ne l'a peut-être pas su. Je n'ai dit à personne, sauf à Mme Benoît, pourquoi je quittais l'hôpital. Nous sommes si heureux, Gilles, accordons-lui le bénéfice du doute.

— Je te reconnais bien là, Flo! Et maintenant, que comptes-tu faire?

— Cela dépend un peu de toi, Gilles.

— Alors c'est décidé. Il y a sûrement un consulat de France au Sénégal! Dès que je serai debout, nous nous marierons.

— Ici même?

— Oui, comme cela, au moins, je ne

courrai plus le risque de te voir trouver un meilleur parti!»

L'entrée de la jeune infirmière noire, qui venait prendre la température de cinq heures, ne fit pas desserrer leurs doigts enlacés.